Rita Süssmuth

Kämpfen und Bewegen

Rita Süssmuth

Kämpfen und Bewegen

Frauenreden

Herder
Freiburg · Basel · Wien

Reihe *frauenforum*
herausgegeben von Karin Walter

Herstellung: Freiburger Graphische Betriebe 1989
ISBN: 3-451-21625-6

Inhalt

Vorwort

Meine Berufung in das Amt der Bundesministerin für Jugend, Familie, Frauen und Gesundheit im Jahre 1985 und meine Wahl zur Präsidentin des Deutschen Bundestages 1988 bedeuten nicht nur politische Gestaltungsmöglichkeiten, sondern beinhalten zugleich auch die Verpflichtung zu einer Vielzahl von öffentlichen Stellungnahmen. Ich habe diese Redeanlässe immer als Chance verstanden, insbesondere für jene Gruppen unserer Gesellschaft das Wort zu ergreifen, deren berechtigte Anliegen von der Politik zu lange überhört worden sind. Hierzu gehören neben der Jugend und der Familie vor allem die Frauen.

Kaum ein anderes Thema der Politik ist jedoch in ähnlicher Weise mit Emotionen besetzt, von Mißverständnissen belastet und dem Ideologieverdacht ausgesetzt, wie die Frauenpolitik. Deshalb ist es dringend notwendig, über sie und ihre Ziele aufzuklären und ungerechtfertigten Verdächtigungen entgegenzutreten. Wissenschaftliche Publikationen können dies allein nicht leisten. Hinzu kommen muß die Frauenpolitik mit einer möglichst breiten und verständlichen Vermittlung ihrer Anliegen. Hierzu können politische Reden zu Frauenthemen einen wichtigen Beitrag leisten. Politische Reden sind kein Ersatz für politisches Handeln, aber sie tragen dazu bei, politische Maßnahmen vorzubereiten, nachvollziehbar zu machen und öffentlich zu legitimieren. Diese Reden wenden sich an die Öffentlichkeit, an die politisch Verantwortlichen auf allen Ebenen, vor allem aber an die Frauen selbst. Ohne sie werden wir weder das Bewußtsein noch die private und gesellschaftliche Praxis verändern.

Aus diesem Grunde habe ich mich entschlossen, den vorliegenden Band ausgewählter Frauenreden aus den Jahren 1986 bis 1989 zu publizieren. Es gilt, Vorurteile gegen die Frauenpolitik abzubauen und über ihre Ziele und Wege zu informieren. Vor allem jedoch sollen diese Beiträge Frauen und Männer dazu ermutigen, die Gleichberechtigung von Mann und Frau in unserer Gesellschaft weiter voranzutreiben. Wie die Reden dieses Bandes im einzelnen verdeutlichen, liegt dies im Interesse der Zukunft unserer gesamten Gesellschaft.

Ich danke allen, die bei der Vorbereitung dieses Buches und der einzelnen Reden mitgewirkt haben. Mein besonderer Dank gilt meinen früheren Mitarbeiterinnen und Mitarbeitern in der Abteilung ‚Frauenpolitik' des Bundesministeriums für Jugend, Familie, Frauen und Gesundheit und meinem Referenten Joachim Rickes, der diesen Band redaktionell betreut hat.

Rita Süssmuth

Einleitung

Die Zukunft der Frauenfrage

Verglichen mit der Situation der Frauen zu Beginn dieses Jahrhunderts, hat sich für die heute lebende Frauengeneration Revolutionäres vollzogen. Hinter uns liegen große frauenpolitische Offensiven. Die erste und die zweite Frauenbewegung haben Bahnbrechendes für die Gleichberechtigung, für die Veränderung des Bewußtseins und auch für den konkreten Frauenalltag geleistet. Aber trotz des erreichten Ausbildungsstandes und einer stetig wachsenden weiblichen Erwerbstätigkeit, trotz der Übernahme politischer Mandate und Regierungsämter sprechen viele Frauen gegenwärtig erneut von Stagnation und Rückschritt, von der Illusion der Partnerschaft in Familie, Beruf und Politik.

Wer also meint, die Frauenfrage sei gelöst, gibt sich einer Selbsttäuschung oder einer Illusion hin. Andererseits ist festzuhalten, daß bestimmten Gruppen unserer Gesellschaft das Erreichte schon zu viel ist. Sie halten weitere frauenfördernde Maßnahmen für überflüssig und schädlich. Diese Kritiker suchen die Ursachen für unsere familiären Probleme ohnehin überwiegend bei den Frauen, die die traditionellen Frauenideale verraten hätten und einer Emanzipationsideologie verfallen seien.

Die konsequente Lösung der Frauenfrage betrifft aber nicht allein die Zukunft der Frauen. Es geht um mehr als die vom Grundgesetz rechtlich vorgeschriebene Gleichberechtigung. Es geht um mehr als die Gewährleistung gleicher Bildungschancen. Alles dieses gehört zwar auch zu den verpflichtenden Aufgaben einer zukunftsweisenden Gleichberechtigungspolitik. Aber dies reicht nicht aus für eine verantwortliche Zukunftsplanung und -gestaltung. Ganz zu Unrecht wird Frauenpolitik noch immer von Skeptikern und Gegnern als äußerst problematische Anpassung an Modetrends und Zeitgeist bewertet. Dabei werden die Auswirkungen der viel zu spät und zu zögernd angegangenen Frauenpolitik in hohem Maße unterschätzt.

Die Brisanz der ungelösten Frauenfrage erkennen bisher nur wenige. Die Warnungen und Forderungen der Frauenorganisationen und -verbände erhalten allzu voreilig das Etikett „überzogen" oder „Emanzengeschrei". Wer für „neue" Wege eintritt, wer Veränderungen will, um wichtigste menschliche Belange zu wahren, der gilt als Verräter an überkommenen Werten und Normen, als bedrohlich für unsere Zivilisation und Kultur. Die neu entbrannte, emotional und ideologisch geführte Debatte über Aufgaben und Rolle der Frau in unserer Gesellschaft liefert den Beweis für die keineswegs gefestigte Stellung der Frau in unserer Gesellschaft. Die Debatte selbst zeigt eine fatale Aufspaltung, wobei das Recht auf Teilhabe am Erwerbsberuf grundsätzlich zuerkannt wird. Aber die Gräben zwischen erwerbstätigen und nichterwerbstätigen Müttern vertiefen sich. Es geht längst nicht allein um die Aufwertung der Familienarbeit und eine Relativierung der Erwerbsarbeit. Es geht um Anerkennung und Hilfen für beide Gruppen von Frauen, denn beide sind unzufrieden und werden zunehmend ungeduldiger: die erwerbstätigen wie die nichterwerbstätigen Mütter. Beide fühlen sich in ihren Leistungen verkannt, überlastet oder ohne Perspektive und soziale Absicherung. Unverkennbar bildet heute die Kinderfrage den harten Kern des Frauenproblemes. Das heißt nicht die Augen verschließen vor den Berufs- bzw. Karriereproblemen der kinderlosen Frauen, denn auch diese stehen in einem mittelbaren Zusammenhang mit dem traditionellen Frauenbild. Doch wenn es um die Zukunft der Frauen und die notwendige Lösung der Frauenfrage geht, dann steht weit mehr auf dem Spiel als die Berufschancen von Frauen mit und ohne Kinder.

Wie wir in unserer Gesellschaft in Zukunft als Frauen und Männer miteinander leben werden, das entscheidet sich maßgeblich an der Lösung der Frauenfrage, und das heißt zugleich an einer Bewußtseins- und Verhaltensänderung, die Männer und Frauen betrifft. Diese Prozesse sind längst in Gang gesetzt, sie sind mehrheitlich gewollt, gerade wenn wir an die wohl umwälzendste Entwicklung denken, die Teilhabe der Frauen an Bildung, Ausbildung und qualifizierter beruflicher Arbeit.

Wenn ich von Zukunft spreche, dann denke ich an mehr als die Partnerschaft im Beruf, denke ich ebenso an die gelebten Beziehungen zwischen Mann und Frau, an Familie, vor allem an das Leben mit Kindern, aber ebenso an den sorgenden Umgang von Jung und Alt, an soziale, kulturelle und politisch mitverantwortliche Gestaltung im kleinen wie im größeren Zusammenhang. An die Stelle der früher äußerst eingeschränkten Kompetenzen und zuerkannten Fähigkeiten, der gesellschaftlichen und politischen Ausgrenzung ist in diesem Jahrhundert die schrittweise gesellschaftliche Integration der Frauen in alle Lebensbereiche, die Anerkennung gleicher Fähigkeiten und Leistungen getreten.

Für die Zukunftsplanung und -gestaltung kommt es entscheidend darauf an, daß die alte Arbeitsteilung aufgehoben wird, daß beide, Männer und Frauen, für alle Lebensbereiche gemeinsam Verantwortung tragen. Familie war kulturgeschichtlich nie der alleinige Aufgabenbereich der Frauen, sondern Entfaltungs- und Verantwortungsbereich für beide, und das gilt auch für die Erwerbsarbeit, die kulturelle, soziale, ökologische und politische Arbeit.

Unsere Sorge muß aufgrund unseres bisherigen Erfahrungswissens vom Menschen darauf gerichtet sein, Freiheit und Verantwortung für sich selbst und füreinander auch lebbar zu machen, sie zu verankern in privater und öffentlicher Erziehung, in der beruflichen wie in der politischen Bildung. Selbständigkeit, materielle Sicherheit und Unabhängigkeit, ein dicht geknüpftes soziales Netz, das den einzelnen bei Krankheit, Invalidität und Arbeitslosigkeit, aber auch im Alter absichert, dies alles gilt es nicht geringzuschätzen. Ganz im Gegenteil. Dabei sind vor allem jene in diese Leistungen gerechter einzubeziehen, die Familienarbeit leisten, deren Erziehungs- und Pflegeleistungen in unserem überkommenen sozialen Sicherungssystem unberücksichtigt blieben. Aber selbst wenn in den nächsten Jahren das neue Denken und Handeln (konsequente Anerkennung der in den Familien geleisteten Erziehungs- und Pflegetätigkeit) über das bisher Erreichte weitergeführt wird, löst es zwar einen zentralen, aber eben nur einen Teil des Problems.

Unabhängigkeit, materielle und soziale Sicherheit stellen die eine Seite der Medaille dar, die andere Seite beinhaltet Zusammenleben, Erfahrung von Zusammenhalt und Geborgenheit, Gemeinschaft statt Alleinsein, Hilfe zu geben und zu erfahren, gefordert und gefördert, belastet und entlastet zu werden. Für unsere gemeinsame Zukunft kommt es darauf an, welche Wertvorstellungen sich in unserer Lebensweise durchsetzen.

Es kann uns Menschen, Frauen und Männern, insbesondere den politisch Verantwortlichen, nicht gleichgültig sein, daß Kinder in unserer Gesellschaft offenbar an Bedeutung für den einzelnen abnehmen, daß die Entscheidung für Kinder bei immer mehr Paaren zum Problem geworden ist, daß immer mehr Paare sich trennen, immer mehr alte Menschen sich gesellschaftlich ausgegrenzt fühlen.

Es wäre ein Fehler, wenn Politikerinnen und Politiker die Vorstellung vermitteln würden, die in unserem Zusammenhang anstehenden Probleme ließen sich politisch leicht lösen, alles sei politisch machbar, der Staat könne unbegrenzt für Folgeprobleme individueller Entscheidungen in Partnerschaft, Ehe und Familie aufkommen. Ohne ein Höchstmaß an Eigenverantwortung kann der Staat jenen nicht helfen, die zur Selbsthilfe nicht in der Lage sind. Er wäre hoffnungslos überfordert.

Was er tun kann und tun muß, ist die Schaffung von

Rahmenbedingungen, die unabdingbar sind, wenn Frauen und Männer den von ihnen übernommenen Aufgaben gerecht werden sollen. Das betrifft u. a. einen gerechten Familienlastenausgleich, die Vorsorge für familiengerechte Wohnungen für jene mit Kindern, aber auch mit Pflegebedürftigen, die soziale Sicherung, die Zeit für Familie und Erwerbsarbeit, die Unterbrechung und Rückkehr in den Beruf, die gleichzeitige Vereinbarkeit von Familien- und Erwerbstätigkeit, die Anerkennung der Familientätigkeit, die Bereitstellung von Kinderbetreuungsplätzen in Kindergärten und Schulen. Ohne konsequente politische Arbeit in diesen Feldern wird es weiterhin zu unerwünschten Auswirkungen kommen, wie:

– die Zahl der Paare, die auf Kinder verzichten oder nur ein Kind haben, steigt weiter an. Immer weniger Männer und Frauen werden Erfahrungen mit Kindern machen, werden erleben, was es heißt, Leben weiterzugeben und für Kinder Sorge zu tragen.

– Noch weniger Frauen als heute (Erwerbsquote = 44,5%) werden ihren Beruf unterbrechen, solange sich die Rückkehrchancen bei allen Unterbrechungen, die über die Zeit des Erziehungsurlaubs hinausgehen, so schwierig gestalten wie gegenwärtig. Die Berufsrückkehr muß neu geregelt werden.

– die Unzufriedenheit der erwerbstätigen wie der nichterwerbstätigen Mütter wird sich verstärken, bei den einen aus Überlastung, bei den anderen wegen der mangelnden ideellen und sozialen Anerkennung der Familientätigkeit. Der Graben zwischen erwerbstätigen und nichterwerbstätigen Müttern wird sich vertiefen.

– die ältere Frauengeneration wendet sich gegen die jungen Frauen und umgekehrt, Frauensolidarität nimmt weiter ab, weil die Lebensbedingungen und Lebensgefühle wechselseitig nicht mehr vermittelt werden können.

– Partnerschaftliche Lösungen bleiben ein Wunschtraum. Die Ehe- und Familienkonflikte verschärfen sich.

– Der Generationskonflikt eskaliert, wenn nicht ein Gesamtkonzept erarbeitet und umgesetzt wird, wer für wen im Alter sorgt. Je mehr Frauen und Männer erwerbstätig sind, desto weniger stehen für die häusliche Pflege zur Verfügung.

– Je geringer die individuellen Lösungsmöglichkeiten, desto stärker wird der Druck auf die Politik, aber auch der Unmut über die Politik, desto höher auch die Gefahr der Politikverdrossenheit über eine Politik, die die Frauen und Männer mit den elementarsten Fragen der Daseinsvorsorge und der Sorge füreinander zu stark allein läßt. Je größer der Betreuungs- und Pflegenotstand, desto schneller wird der private Konflikt zum öffentlichen mit unverantwortlichen Folgen für Kinder, Erwachsene und ältere Menschen.

Zukunft gestalten, d. h. die positiven Erfahrungsbestände der Vergangenheit bewahren, notwendige Veränderungen zielstrebig und in sich schlüssig vorantreiben.

Wo liegen die Hauptursachen für die gegenwärtigen Konflikte? Welche Altersgruppen und Sozialschichten sind besonders betroffen? Unterscheiden sich die Problemsichten erheblich je nach Altersgruppen, so daß die Frauenfrage mehr eine Angelegenheit der jüngeren als der älteren Frauen ist?

Ein zentraler Vorwurf der autonomen Frauenbewegung in den 70er Jahren lautete: Solange Gleichberechtigung politisch darin bestehe, bisherige Rechte der Männer auch für die Frauen durchzusetzen, bedeute dieses Vorgehen nicht mehr als eine Anpassung der Frauen an die von Männern entwickelten Lebensmuster, Anpassung an die bestehenden Strukturen in der Arbeitswelt, der Wissenschaft und Kultur wie auch der Politik. Ein solcher Weg führe nicht zu Verbesserungen für die Frauen, zu konsequentem Abbau der Ungleichheiten, sondern zur Entstehung neuer Benachteiligungen. Wirkliche Fortschritte könne es nur geben in Verbindung mit durchgreifenden Veränderungen in der Familie, am Arbeitsplatz, aber auch in der Organisation der kulturellen, sozialen und politischen Arbeit.

War es falsch, die Frauenfrage durch Übertragung männlicher Lebensweisen auf die Frauen lösen zu wollen? Es reicht nicht aus, Schulen, Ausbildungsstätten und Universitäten für die Frauen zu öffnen, ohne eine grundlegende Umgestaltung der Familienorganisation, der Betreuungsangebote, der Betreuungs- und Schulzeiten, der familienbedingten Unterbrechung der Erwerbstätigkeit wie der Rückkehr in den Beruf voranzutreiben. Immer mehr Frauen erfahren, daß die alten Strukturen massive Barrieren gegen mehr Gleichberechtigung und Partnerschaft darstellen. Zutreffend ist: alte Benachteiligungen wurden ab- und gleichzeitig neue aufgebaut, und zwar in unterschiedlicher Weise für erwerbstätige und nichterwerbstätige Mütter. Dieses Angebot zu mehr Chancengleichheit in von Männern festgelegten Verhaltensmustern ist allenfalls ein Angebot an Frauen ohne Kinder. Aber es wäre nichts als eine Illusion, wenn angenommen würde, ein anderer Weg sei im 19. oder 20. Jahrhundert nicht verfolgt oder gar gefordert worden. Auf welche Barrieren stießen Frauen im 19. Jahrhundert? Zunächst mußten sie sich Zugang zu den bestehenden gesellschaftlichen Einrichtungen erkämpfen, bevor überhaupt an eine Umgestaltung der Strukturen gedacht werden konnte: Es galt also, jene Qualifikationen zu erwerben, durch die Frauen verantwortlich in Beruf und Politik mitwirkten, bevor das Thema einer partnerschaftlichen Aufgabenerfüllung in allen Lebensbereichen überhaupt angegangen werden konnte. Allerdings trifft auch zu, daß in der Bundesrepublik die Konsequenzen einer Gleichberechtigungspolitik sehr wenig bedacht und allzu lange vernachlässigt wurden.

Es ist leicht, aus der Rückschau den historisch eingeschlagenen Weg der Gleichberechtigung von Mann und Frau zu kritisieren. Diese Kritik muß aber zugleich berücksichtigen, unter welchen gesellschaftlichen Voraussetzungen das „neue" Denken entwickelt und schrittweise durchgesetzt wurde, unter welchen Bedingungen Frauen ihre Rechte erkämpften und welche Leistungen sie zu erbringen hatten. Wir dürfen doch nicht vergessen, daß auch heute die Frauen mindestens doppelt so gut sein müssen wie Männer, wenn sie sich in Beruf oder Politik durchsetzen wollen. Die tiefer liegenden Gründe für die sehr spät vorgetragenen Forderungen nach familien- und frauengerechter Umgestaltung der öffentlichen Lebensbereiche, also der Sektoren Bildung, Arbeit, Dienstleistungen, sind letztlich Ausdruck dafür, daß Familie im gesellschaftlichen und politischen Bewußtsein eine nachgeordnete Bedeutung hat.

Hinzu kommt die Auffassung, daß die alte Arbeitsteilung zwischen Mann und Frau auch in Zukunft gelten sollte. Aber auch bei dieser Einstellung bleibt stets die große Gruppe von Familien und damit von Frauen unberücksichtigt, die weder im 19. noch im 20. Jahrhundert je zwischen Familien- und Erwerbstätigkeit wählen und entscheiden konnte. Selbst für diese Gruppe, die etwa die Hälfte der erwerbstätigen Mütter ausmacht, wurde an entlastende Hilfen nicht gedacht.

Die in und von der Familie zu erbringenden Leistungen wurden und werden unterschätzt oder als selbstverständlich erachtet. Das gilt gerade auch – bei allen Schwierigkeiten, die wir heute in den Familien zu bewältigen haben – für emotionale und soziale Bedürfnisse des Individuums. Allzu lange hat sich die Gesellschaft darauf verlassen, daß alle die für das private und öffentliche Leben unverzichtbaren Einstellungen, sozialen Tugenden, die seelische Stabilität, die psychische Ausgeglichenheit, Leistungsbereitschaft und Leistungskraft von den Frauen in den Familien schon bedacht, ermöglicht und „besorgt" werden. Ja, es schien unumstritten, daß eine der Hauptaufgaben der Familie neben Reproduktion und Erziehung eben die Regenerationsaufgabe ist. Aber es wurde versäumt zu analysieren, unter welchen Bedingungen diese Aufgaben auch eingelöst werden können.

Je nachdrücklicher junge Frauen heute erwarten, daß die traditionellen und neuen Familienaufgaben von Frauen und Männern wahrzunehmen sind, je mehr Frauen Familie und erlernten Beruf miteinander vereinbaren wollen, desto ungeduldiger drängen sie auf Veränderung der äußeren Rahmenbedingungen. Immer mehr Frauen erfahren, daß die alten Strukturen nicht mehr passen und nicht mehr tragen, während die neuen zwar gedanklich erarbeitet, aber erst sehr partiell praktisch umgesetzt worden sind.

Den einen fehlt Zeit für die Familie, den anderen die Möglichkeit, nach der Familienphase wieder eine Erwerbstätigkeit aufnehmen zu können. Was beiden fehlt, ist die Anerkennung der Familienarbeit mit dem breiten Spektrum der Kindererziehung, der Familienversorgung, der Pflege und Betreuung kranker, behinderter und pflegebedürftiger Personen.

Die Unzufriedenheit wächst am stärksten bei den gut ausgebildeten, nicht erwerbstätigen Familienmüttern, die sich gegenüber den kinderlosen Frauen, aber auch gegenüber den erwerbstätigen Müttern sozial benachteiligt fühlen. Sie sehen nur geringe Chancen für ihre weitere berufliche Zukunft, verfügen über weniger Geld, spüren oftmals den Druck der ökonomischen Abhängigkeit und der fehlenden sozialen Absicherung. Allerdings sind auch noch andere Faktoren von ausschlaggebender Bedeutung, vor allem der sozialpsychologische Faktor.

Frauen vergleichen sich untereinander, erleben die einen als frei und ungebunden, sich selbst aber durch Familienpflichten gebunden und wenig geachtet in einer Gesellschaft, die einseitig auf berufliche Leistung, Geld und öffentliches Ansehen setzt. Die Werteskala ist nie eine andere gewesen. Aber solange die Erwerbstätigkeit für Mütter die Ausnahme und nicht die Regel darstellte, die alten Zwänge für fast alle Frauen verbindlich waren, gab es nicht die Möglichkeit der Wahl und der persönlichen Entscheidung, nicht die neue Ungleichheit. Dieses sozialpsychologische Phänomen wirkt sich bereits jetzt auf den Umgang der Frauen untereinander aus. Aber noch entscheidender ist, daß dies nicht folgenlos bleibt für unsere Gesellschaft als Ganze, für das Ja der einzelnen Frau in ihrer persönlichen Situation, ihre Einstellung zum gesellschaftlichen und politischen System, zur Verteilung von Lebenschancen und sozialer Gerechtigkeit, zu den Werten und Normen, die an die nachwachsende Generation weitergegeben werden. Die Wertschätzung und Sicherung sozialer Gerechtigkeit gegenüber jenen, die sich ganz selbstverständlich unbezahlt in den Dienst der Kinder, der Schwachen und Hilfsbedürftigen stellen, prägt auch das Werturteil und den Verhaltenstil der nachwachsenden Generation, d. h. Lebensplanung und Lebensstil der Söhne und Töchter.

Einschneidende Veränderungen im Selbstverständnis und im gesellschaftlichen Rollenverständnis der Frauen – die also die Beziehungen zwischen Mann und Frau betreffen – sind mit Hoffnungen und Ängsten, Fiktionen und Frustrationen, mit Nichtverstehen, Aggressionen und Entfremdung, Trauer und Verzweiflung verbunden, aber auch mit Neu-Entdeckungen, Entlastungen und wechselseitiger persönlicher Bereicherung.

Gewiß, die Zukunftsängste sind beträchtlich: werden Bindungen und Zusammenhalt abgelöst durch befristete Beziehungen, bestimmt von hohen Glückserwartungen und geringem Verantwortungsgefühl füreinander? Haben soziale Tugenden wie Einsatz für den anderen, Vertrauen und Verläßlichkeit keinen Bestand mehr? Nimmt das Ja zum Kind weiter ab? Scheuen Frauen und Männer lebenslange Verpflichtungen und Risiken? Sind sie blind geworden für das, was Kinder bedeuten, daß sie geben und nicht nur nehmen? Fehlt es uns an Belastbarkeit in schwierigen Alltagssituationen, weichen wir Krankheit und Hilfsbedürftigkeit aus? Trifft es zu, daß der Wohlstand uns nur unfähig macht für die wesentlicheren menschlichen Zusammenhänge? Tiefgreifende soziale Veränderungen haben ihren Preis. Individuelle und gesellschaftliche Umorientierungsprozesse sind immer auch mit Fehlentscheidungen, Überspitzungen und Einseitigkeiten verbunden. Aber weshalb wird so selten das Positive dieses Prozesses gesehen und thematisiert?

Der seit mehr als einem Jahrhundert anhaltende Aufbruch der Frauen hat unsere Gesellschaft keineswegs nur mit neuen Problemen konfrontiert, sondern zu neuen Sichtweisen und zu positiv zu bewertenden Wandlungsprozessen geführt, die weit über die Frauenfrage hinausgehen.

Die Frauenfrage, im 18. Jahrhundert im Rahmen des Aufklärungsdenkens politisch und literarisch thematisiert, in der Französischen Revolution kämpferisch vorangebracht, erfuhr einen kräftigen Schub durch die erste Frauenbewegung in der zweiten Hälfte des 19. Jahrhunderts und zu Beginn des 20. Jahrhunderts.

Dieser positive Prozeß wurde durch das nationalsozialistische Regime mit seiner schamlosen und verächtlichen Instrumentalisierung der Frauen unterbrochen, doch nach 1945 wiederaufgenommen. Wie aufreibend war der Kampf um die Durchsetzung des Artikels 3, der Gleichberechtigung, im Grundgesetz. Auch nach 1945 erschien die grundgesetzliche Verankerung der vollen Gleichberechtigung in allen Lebensbereichen keineswegs selbstverständlich. Es konnte nicht sein, was nicht sein durfte: gleiche Rechte und Pflichten für Mann und Frau in allen Lebensbereichen. Was den Befürwortern selbstverständlich erschien, beurteilten die Kritiker als kultur- und gesellschaftsbedrohlich, die bisherige Ordnung auf den Kopf stellend.

Nach zähem Ringen hat sich das demokratisch-humane Denken durchgesetzt, das undemokratisch-patriarchalische unterlag. Gewiß gibt es immer vordergründig plausible Einwände gegen die Gleichberechtigung: das Nein zur Gleichmacherei, die Fürsorge und den Schutz für das „schwächere" Geschlecht, die Noblesse gegenüber den Frauen, den Erhalt der für die Kultur unverzichtbaren Ritterlichkeit, jene gerade durch die Mütter verkörperten Gestaltung der menschlichen Zuwendung, Wärme und Geborgenheit. Und warum hat dieses alles nur Bestand bei einer ungleichen Verteilung von Rechten und Pflichten, bei klar abgegrenzten Tätigkeitsfeldern und Aufgaben von Frauen und Männern? Warum mußte nahezu 20 Jahre um das Erziehungs- und Sorgerecht der Mütter gestritten werden? Ein

Denken, das vom Menschen, vom Individuum ausgeht, unterscheidet nicht nach biologischen Unterschieden zwischen den Geschlechtern, sondern orientiert sich an den unveräußerlichen Rechten, an seiner persönlichen Würde, seiner Freiheit, seiner Vernunft und Entscheidungsfähigkeit. An die Stelle von Schutz und Fürsorge für die Schwächeren treten Verantwortung und Fürsorge füreinander, partnerschaftliche Entscheidungen über Aufgabenverteilung, wechselseitige Anerkennung und Förderung des anderen. Das neue Denken in bezug auf Frauen ist nicht länger von Ausgrenzung, Herabsetzung, minderer Rechtsstellung, sozialer, rechtlich legitimierter Benachteiligung, von Unterordnung und Geringschätzung geprägt. Können und Leistung der Frauen, Kreativität, Führungsfähigkeit, Belastbarkeit und Ausdauer sind heute unumstritten. Die Debatten um die rechtliche Gleichstellung der Frau gehören in weiten Bereichen der Vergangenheit an. Aus weitgehend rechtlosen Wesen wurden gleichberechtigte Individuen. Davon wurden allerdings immer zwei Bereiche ausgenommen: die Gleichbehandlung auf dem Arbeitsmarkt bei Berücksichtigung der unterschiedlichen Lebensverläufe von Frauen und Männern sowie die geringere soziale Absicherung der Frauen aufgrund der noch immer bestehenden ungleichen Bewertung der Familien- und Erwerbsarbeit.

Das neue Denken hat an liebgewordenen alten Ordnungen gerüttelt. Die „geordneten" Verhaltensmuster wurden durchbrochen. Zunächst vollzogen sich die einschneidensten Veränderungen im Bildungswesen. Qualifizierte schulische und berufliche Bildung sind zur Selbstverständlichkeit geworden. Frauen wurden privat und beruflich zu kompetenten Ansprechpartnern und Gesprächspartnern. Sie stehen ihre „Frau" und nehmen die ihnen angetragenen oder von ihnen ausgewählten Aufgaben genauso qualifiziert wahr wie ihre männlichen Kollegen. Die Tatsache, daß Frauen in Führungspositionen der Wirtschaft, Wissenschaft und Politik nur minimal vertreten sind, ist keineswegs Ausdruck mangelnder fachlicher Kompetenz, von

Führungsschwäche oder Desinteresse an Führungsaufgaben, sondern ist primär in der ungelösten Frage der Vereinbarkeit von Familie und Beruf begründet.

Historisch neu ist der Durchbruch zu einer grundlegend veränderten sozialanthropologischen Sicht der Geschlechter. Beide, Frauen und Männer, konnten sich von einem reduzierten, sehr einseitig festgelegten, in den menschlichen Fähigkeiten und Aufgaben eingeschränkten Rollenbild befreien: Selbstbestimmung und Verantwortung als Recht und Aufgabe für beide Geschlechter. An die Stelle hierarchischer Über- und Unterordnung traten Gleichberechtigung, Gleichstellung und Partnerschaft. Endlich wurden den Frauen nicht nur Kompetenz zuerkannt, sondern Beteiligung an allen Aufgabenbereichen eröffnet. Zwar melden sich noch immer gerade jene lautstark zu Wort, die den neuen Rechten, Freiheiten und der neuen Verantwortung der Frauen skeptisch gegenüberstehen. Aber diese Art von Hürden halten die engagierten Frauen nicht auf. Sie lassen sich nicht in den engen Hof der Bevormundung und Fürsorge zurückholen. Gefährlicher ist die ständige Überforderung vieler Frauen durch Familie und Beruf, gerade auch angesichts ständig steigender beruflicher Anforderungen. Das hat zur Folge, daß ein Teil der Frauen der Familie, ein anderer Teil dem Erwerbsberuf den Rücken kehrt.

Entscheidend für die gegenwärtigen Reibungsverluste ist aber auch die allzu langsame Veränderung bei den Männern. Viele zögern noch immer, sich als Väter zu entdekken, sich als Partner in Familie und Beruf zu verstehen. Die alte Aufgabenverteilung wird der neuen noch immer vorgezogen, die Familienrolle nur zögernd angenommen. Die positiven Aspekte gemeinsam geteilter Freiheit und Verantwortung, wechselseitiger Unterstützung und Förderung in Familie und Beruf, freier Vereinbarung statt Rollendiktat, Auswertung der Handlungsspielräume für Mann und Frau, Fürsorglichkeit bei gleichzeitiger Achtung der Eigeninitiative und Eigenentscheidung, Verzicht auf Besitzansprüche und ein Nein zur Bevormundung – das sind die Grundlagen einer gleichberechtigten Partnerschaft.

Es geht nicht darum, die alte Asymmetrie der Geschlechterbeziehung zu ersetzen durch eine Idealisierung des Weiblichen, sondern es geht um die längst überfällige Anerkennung von Gleichwertigkeit und Gleichrangigkeit der Fähigkeiten und Leistungen von Mann und Frau.

Meine Vision ist nicht die einer weiblichen Gegenkultur, sondern es geht um die Öffnung der Gesellschaft für die ihr fehlenden Erfahrungen aus dem weiblichen Lebenszusammenhang. Es genügt nicht, den Frauen eine weitere Beteiligung an Beruf und gesamtgesellschaftlicher Aufgabenerfüllung zu ermöglichen, sondern es gilt, ihnen aktive, verantwortliche Beteiligung, auch Gestaltungs- und vor allem Umgestaltungschancen in den Bereichen zu geben, in denen die Erfahrungen von Frauen bisher unbeachtet blieben. Frauen sind nicht länger das schwache, sanfte und emotional bestimmte Geschlecht, sondern gleicherweise ausgewiesen durch menschliche Stärken und Schwächen wie die Männer. Sie sind eigenständig und verantwortlich. Damit haben sich nicht allein die Rechte der Frauen verändert, sondern auch die Pflichten, d. h., sie haben Verantwortung für das Ganze. Diese umfaßt alle Lebensbereiche, in denen wir als Menschen gestaltenden Einfluß nehmen können. Es ist damit unsere Aufgabe, für den Erhalt des Lebens, unserer Natur und Umwelt einzutreten, unsere Stimme zu erheben, wo die modernen Lebensbedingungen den Menschen gefährden oder diese von ihm nicht verkraftet werden. Wir haben Antworten zu finden auf die Frage: Wie wollen und können wir morgen leben? Was antworten wir unseren Kindern auf die Frage nach ihren Herausforderungen und Lebenschancen?

Viel zuviel Engagement wird gebunden durch Fragen und ungelöste Probleme von gestern. Die Beispiele liegen auf der Hand. Noch immer wird diskutiert, ob es gut und vertretbar ist, daß Mütter erwerbstätig sind. Noch immer ist umstritten, welche Frauen stärker zu unterstützen sind, die erwerbstätigen oder die nichterwerbstätigen. Wir diskutieren, ob die familienergänzenden Einrichtungen für einen Teil des Tages verfügbar sein sollten oder nicht, ob Tagesbetreuung positiv oder negativ zu bewerten ist, ob die Familientätigkeit eine Leistung darstellt, die wir auch bei den Solidargemeinschaften berücksichtigen oder nicht. Wir streiten seit Jahren darüber, ob die Vergewaltigung in der Ehe ebenso unter Strafe gestellt werden soll wie die Vergewaltigung außerhalb der Ehe.

Dies alles sind Fragen von gestern. Aber weil über sie mehr gestritten wird, als in der Praxis Regelungen erfolgen, überlappen sich die ungelösten Probleme von gestern mit den Fragestellungen von morgen. Wir müssen neu ansetzen und die wissenschaftlich-technischen, ökonomischen und sozialen Bedingungen unseres ausgehenden Jahrhunderts bedenken. Wir können Betreuungseinrichtungen für Kinder in ihrem positiven und negativen Einfluß nicht unter den Bedingungen des 10- bis 14-Stunden-Tages der Jahrhundertwende erörtern. Ebenso verhält es sich mit den erwerbstätigen und nichterwerbstätigen Müttern. Beide brauchen unsere Unterstützung in unterschiedlicher Weise. Wir argumentieren, als lebten wir nach wie vor um 1900, d. h., als arbeiteten die Frauen 10, 12 oder 14 Stunden, als verbrächten Kinder die gleiche Zeit in familienergänzenden Einrichtungen. Wir ignorieren die veränderte Arbeitszeit. Aus der 60- und 70-Stunden-Woche wurde zunächst die 48-, dann die 40- und schließlich die 37-Wochenstunden-Zeit. An die Stelle der Mehr-Kinder-Familie ist eine hohe Zahl von Ein-Kind-Familien getreten.

Familien mit geringem Einkommen sind auf die Erwerbsarbeit der Mütter angewiesen. Ihnen fehlt in vielen Fällen ein Betreuungsplatz für ihre Kinder, wenn sie eine Arbeitsstelle gefunden haben. Ein weiteres Problem ist die Finanzierung des Betreuungsplatzes. Dann mangelt es ihnen auch an Zeit, die sie dringend für die Familien brauchen. Es fehlen also auch mehr flexible, familienfreundliche Arbeitszeiten.

Ideen und Modelle gibt es in großer Zahl. Ihre Umsetzung läßt jedoch auf sich warten, sieht man von einigen zukunftsweisenden Vorstößen großer Firmen im Bereich des mehrjährigen Erziehungsurlaubs mit Arbeitsplatzsicherung ab. Seit den 70er Jahren haben sich die Vorstellungen über die Lösung der Frauenfrage stark verändert. Frauen wollen nicht länger die berufliche Integration in eine Gesellschaft, deren Arbeitszeitstrukturen noch vom Modell der alten Arbeitsteilung zwischen Mann und Frau bestimmt sind. So werden z. B. in all den Fällen, in denen beide, Mann und Frau, erwerbstätig sind, neue Formen der Arbeitszeitverteilung praktiziert werden müssen. Während in Schweden von jeweils 57 Wochenarbeitsstunden 30 auf den Mann und 27 auf die Frau entfallen, sind es bei uns 43 Stunden für den Mann und nur 14 für die Frau. Gewiß haben sich die äußeren Voraussetzungen ganz entscheidend verbessert, wenn wir z. B. an das Ausbildungsniveau vieler Frauen denken, an die technischen Entlastungen, an die Kinderzahl. Aber gleichzeitig sind die Anforderungen im Beruf gestiegen. Die Beanspruchung im Beruf ist höher geworden. Nicht ohne Grund wird hohe Arbeitsproduktivität kompensiert durch hohe Löhne und kurze Wochenarbeitszeiten. Hinzu kommt, daß die erworbenen Berufsqualifikationen in viel kürzerer Zeit veraltet sind, ständige berufliche Weiterbildung eine unabdingbare Voraussetzung für Erwerbstätigkeit ist. Insofern sind familienbezogene Unterbrechungen des Erwerbsberufs heute mit anderen Risiken verbunden als früher. Berufliche Weiterbildung während der Familienphase wird zwar nachdrücklich gefordert und für notwendig erachtet, aber bisher von den wenigsten Betrieben der Privatwirtschaft und des öffentlichen Dienstes fest eingeplant.

Umgekehrt sind auch die Anforderungen an Erziehung und Förderung der Kinder in den Familien erheblich angestiegen. Dies erfordert Zeit, Ruhe und Konzentration auf die Kinder, denn eines hat sich nicht verändert: für die emotionale, soziale und kognitive Entwicklung eines Kindes ist der Einfluß der Familie der entscheidende. Haben Kinder Schwierigkeiten, sind die Mütter „schuld". Nach den Vätern wird da seltener oder gar nicht gefragt. Wer nimmt den zeitlichen Anteil der Erwerbsarbeit zurück? Nicht die Väter, sondern die Mütter. 93 Prozent aller Teilzeitarbeitenden sind Frauen. Dies hat nachteilige Auswirkungen auf ihre Aufstiegsmöglichkeiten, vor allem aber auf ihre Alterssicherung, vom Einkommen nicht zu reden. Noch immer wird davon ausgegangen, daß Frauen wegen der Kinder ihren Beruf aufgeben oder unterbrechen. Angenommen wird, es käme zu einer einmaligen kürzeren oder längeren Unterbrechung und danach folge eine ununterbrochene Wiederaufnahme der Erwerbstätigkeit wie beim Mann. Zutreffend ist aber, daß viele Frauen aus familiären Gründen mehrfach unterbrechen, in den letzten Jahren verstärkt aus Gründen der Pflege von pflegebedürftigen Familienangehörigen. Die fehlenden Kinderbetreuungsplätze sind also nur die eine Seite, die fehlenden Plätze für Tagespflege bzw. Entlastung durch ambulante Pflegehilfen die andere Seite des Problems. Noch immer stehen wir mit der Bewertung von Erziehung und Pflege in der Alterssicherung ganz am Anfang. Wer sich für die Pflege in der Familie entscheidet und auf die Erwerbstätigkeit verzichtet oder einschränkt, muß selbst für seine Alterssicherung Sorge tragen. Welche Konsequenzen das hat, wird vor allem in den Fällen deutlich, in denen Frauen im Alter Sozialhilfe in Anspruch nehmen müssen.

Wir brauchen eine schrittweise, aber konsequente Umgestaltung der Gesellschaft. Diese Umgestaltung, eine zentrale Aufgabe der Frauenpolitik, muß sich orientieren an den elementaren Bedürfnissen und Entfaltungschancen von Kindern und Erwachsenen. Da es die Frauen sind, die sich am stärksten verändert haben und am nachdrücklichsten auf eine Umwandlung der gesellschaftlichen Verhältnisse drängen, liegen gerade hier große Herausforderungen für die Politik, aber nicht nur für sie. Ebenso gefordert sind Wirtschaft, Wissenschaft, Arbeitgeber und Gewerkschaften, die Kirchen, Verbände und Vereine. Dabei geht es nicht um partikulare Fraueninteressen, sondern um Gemeinwohlinteressen, die von Frauen zum politischen Thema gemacht werden. Es geht um Gleichberechtigungspolitik, die Männer nicht weniger betrifft als Frauen, denn solange sie nicht anders leben wollen und können, verändert sich auch die Lage der Frauen nicht entscheidend zum Positiven. Dies erfordert Eigeninitiative, Verantwortung, Phantasie, unerschütterliche Standfestigkeit, Gelassenheit, verbunden mit Entschiedenheit und Konsequenz im Denken und Handeln. Nur so können wir glaubwürdig mit und für Frauen und damit für alle Betroffenen positive Veränderungen herbeiführen. Je konsequenter Programme umgesetzt, Ideen zu Taten werden, desto größer ist die Glaubwürdigkeit.

Ohne Zusammenarbeit zwischen den Frauen der verschiedenen Generationen bleibt Frauensolidarität bloßes Wunschdenken. Wir müssen uns wechselseitig anhören und unterschiedliche Lebensentwürfe und Lebensverläufe akzeptieren und unterstützen. Ältere Frauen haben ebenso ein Recht auf ihr Lebensmodell wie die jüngeren. Es gibt nicht *ein* Lebensmodell für alle Frauen, sondern unterschiedliche Lebensmodelle je nach Generationenzugehörigkeit, persönlicher Lebenslage und persönlicher Entscheidung. Wie verschieden stellen sich heute allein die Lebensentwürfe und Lebensverläufe der älteren, mittleren und jungen Frauengeneration dar. Wir brauchen und wollen Wahlmöglichkeiten, Alternativen, nicht ein Einheitsmodell, das viele Frauen entweder ablehnen oder das sie aufgrund ihrer persönlichen Lebenssituation gar nicht wählen können. Es ist politisch dringend geboten, sich von Einheitslösungen zu verabschieden und nach Lebenslagen zu differenzieren, z. B. nach dem Familienstand, der Familienphase mit Kleinkindern bzw. Schulkindern, der besonderen Situation von Frauen auf dem Lande, den älteren Frauen, den Frauen mit Pflegefällen.

Um diese Umgestaltung voranzutreiben, brauchen wir

eine dritte Frauenbewegung – überparteilich initiiert von Frauen aller Konfessionen und Weltanschauungen, aller sozialer Schichten und unterschiedlicher Interessenlagen. Einzubringen sind unser Selbstbewußtsein, unser Können, unsere Verantwortungsbereitschaft. Stagnation kann nur in dem Maße weichen, wie wir drängen, wie unsere überstrapazierte Geduld in neue Aktionen einmündet. Wie die Frauenfrage zu lösen ist, muß nicht länger diskutiert werden. Handeln ist gefragt. Wir wollen eine kinderfreundliche, eine familienfreundliche, eine menschenfreundliche Gesellschaft. Setzen wir auf Länderebene und in Kommunen unsere Aktionen ein, um politische Entscheidungen zu beschleunigen! Arbeiten wir in den Betrieben für flexiblere Arbeitszeiten, Teilzeit und Frauenförderungspläne. Bilden wir neue pressure-groups, in und mit denen wir uns öffentlich artikulieren! Erarbeiten wir für die Frauen Netzwerke: sie könnten gerade auch jenen Frauen eine Stütze sein, die befürchten, während der Familienphase nicht genügend Zeit und Gelegenheit zu haben zur Auseinandersetzung mit gesellschafts- und auch frauenpolitischen Fragen. Wir brauchen weiterhin Netzwerke für Zusammenkünfte von Frauen, die als Selbständige arbeiten; wir brauchen Initiativen im Gesundheits- und Umweltbereich, aber ebenso Gruppen, die sich der Themen „kinderfreundliche Gesellschaft" und „Integration im Alter" annehmen. Dabei kommt es entscheidend auf viele positive Beispiele an, die beweisen, daß die Umgestaltung jetzt möglich ist und auch vorankommt. Wir dürfen uns nicht länger mit Einzelmaßnahmen zufriedengeben, die nicht aufeinander abgestimmt sind. Wir wollen kein Handeln auf einem Flickenteppich, sondern Handeln nach einer schlüssigen Gesamtkonzeption. Frauen lassen sich nicht länger vertrösten. Sie wollen mehr als Worte, sie wollen Klarheit, sie wollen wissen, wie sie ihr Leben planen und gestalten können.

Den Frauen eine Chance! – Konzepte für eine Mehrheit

Den Frauen eine Chance! Das klingt wie ein Ruf nach wohlwollender Förderung, ja fast schon nach einer Ausnahmeregelung, nach einer großzügigen Geste.

Tatsächlich glauben bei uns immer noch viele, vor allem Männer, man könne die Frauenfrage als eine Angelegenheit behandeln, der man sich ganz nach Gutdünken widmen oder verweigern kann.

Vor dem Essener Frauenparteitag der CDU 1985 hat es durchaus eine heftige Diskussion darüber gegeben, ob ein solcher Parteitag überhaupt notwendig und sinnvoll sei. Und die Kritik riß danach ebenfalls nicht ab, durchgängig mit dem Argument, in Essen sei eine falsche Weichenstellung vorgenommen worden, denn die Frau gehöre eben in die Familie.

Wie oft höre ich, daß die Frauenförderung nun endlich ein Ende haben müsse. Als mein Ministerium die Kompetenz für Frauenfragen erhielt, bekamen wir Dutzende von Briefen, die im Gegenzug die Einrichtung eines Männerministeriums forderten. Wenn ich mit Vertretern der Wirtschaft spreche, höre ich immer wieder das Argument: „Die Frauen haben bei uns genau die gleichen Chancen wie die Männer. Wir entscheiden Personalfragen, nach Qualität. Aber wenn die Chancen verteilt werden, müssen sie eben auch auf dem Arbeitsmarkt verfügbar sein. Wenn sie dann ein paar Jahre später, also nach dem 35. oder 40. Lebensjahr in den Beruf zurückkommen, ist es zu spät, und dann können auch wir nur noch wenig für die Frauen tun."

Vieles hat sich positiv verändert, aber Entscheidendes bleibt noch zu tun

Ist es also eher so, daß die Frauen ihre Chance längst haben? Vor 80 Jahren hat Hedwig Dohm, eine der Pionierinnen der Frauenbewegung in Deutschland, die „vollkommene Gleichberechtigung – politisch, sozial und wirtschaftlich – von Mann und Weib" in der Einführung des Frauenwahlrechts gesehen. Wir haben gerade vor wenigen Wochen das 70jährige Jubiläum des Frauenwahlrechts gefeiert. Und es sind bald 40 Jahre, daß nach dem Grundgesetz Männer und Frauen als gleichberechtigt gelten. Sind die Frauen eigentlich nie zufrieden? Schließlich ist in den vergangenen 80 Jahren viel geschehen für Frauen. Sie haben sich viele Rechte erworben, viele Möglichkeiten erschlossen, viele Chancen genutzt. Dennoch ist die Frauenfrage immer noch nicht gelöst. Wenn man heutzutage Frauen fragt, ob sie sich gleichberechtigt fühlen, dann ist trotz aller positiven Entwicklungen der letzten Jahre eher ein Anwachsen der Unzufriedenheit als eine Zunahme der Zufriedenheit feststellbar. [1]

Sind die Frauen nie zufrieden? Bekommen sie nie genug? Soviel jedenfalls wird heute in der öffentlichen Diskussion deutlich: Frauen sind längst nicht mehr damit zufriedenzustellen, daß man ihnen „auch mal eine Chance" gibt. Mit großzügigen Gesten, mit Sonntagsreden und symbolischen Akten ist es nicht mehr getan. Frauen wollen gleichberechtigte Teilhabe an allen Bereichen des Lebens, an allen Entscheidungsprozessen – und zwar unter zumutbaren Bedingungen. Die formale Gleichberechtigung – dies hat sich in den letzten Jahrzehnten herausgestellt – führt keineswegs automatisch auch die wirkliche Gleichstellung herbei.

Frauen wollen heute nicht vage Chancen, sondern die

---

[1] Vgl. dazu die Ergebnisse der Untersuchung „Motive junger Nichtwählerinnen" des Instituts für Demoskopie Allensbach 1989, bes. S. 49–51.

Möglichkeit, solche Chancen auch wahrnehmen zu können. Deshalb ist der Untertitel meines Themas von großer Bedeutung: „Konzepte für eine Mehrheit". Absichtserklärungen allein helfen uns nicht weiter, und Frauen sind auch gar nicht bereit, sich damit abspeisen zu lassen. Die Entscheidungsträger in unserer Gesellschaft sind heute vor die Frage gestellt, was sie jetzt konkret tun wollen, um Frauen nicht nur eine Chance einzuräumen, sondern ihnen auch die Möglichkeit zu geben, diese zu nutzen.

Die Frauenfrage – eine zentrale Zukunftsaufgabe: Fortschritte und Defizite

„Konzepte für eine Mehrheit" – Frauenthemen behandeln nicht die Probleme einer Randgruppe, etwa in der Weise, wie sie früher in der Arbeitslosenstatistik geführt wurden, eine Randgruppe ebenso wie Behinderte oder Ausländer. Frauen stellen nicht nur die Mehrheit der Bevölkerung in der Bundesrepublik – genau 52,5 Prozent und immerhin 54 Prozent der Wähler. Die Frauenfrage selbst betrifft auch keineswegs die Frauen allein. Meine These lautet: Die Frauenfrage ist eines der entscheidenden gesellschaftlichen Probleme. Von ihrer Lösung hängt ab, wie wir alle in Zukunft miteinander leben werden. Es ist deshalb auch keineswegs gerechtfertigt, wenn Frauenpolitik gelegentlich als reines Schielen auf Wählerstimmen abqualifiziert wird. Die Lösung der Frauenfrage ist weit mehr als Politik für eine einzelne Interessengruppe, die mit anderen Gruppen in einem Verteilungskampf um den größeren Einfluß liegt.

Es ist kein Zufall, daß Frauenpolitik in den letzten Jahren einen hohen Stellenwert in der öffentlichen Diskussion gewonnen hat. Frauen sind in unserer Gesellschaft traditionell diejenigen, die für die Gestaltung menschlicher Beziehungen Verantwortung tragen, insbesondere innerhalb der Familie. Wenn sich in diesem Bereich etwas ändert, sind alle betroffen, nicht nur die Frauen selbst.

Vielleicht ist dies auch ein Grund dafür, daß das Thema oftmals so emotionsgeladen und unsachlich diskutiert wird.

Worin liegt eigentlich das Kernproblem der Frauenfrage?

Frauen haben in den letzten Jahrzehnten entscheidende Fortschritte durchgesetzt: Sie waren noch niemals so gut ausgebildet wie heute. Sie erzielen hervorragende Ergebnisse bei den formalen Bildungsabschlüssen, so daß es in einzelnen Berufsgruppen bereits Bestrebungen gibt, die Anforderungen an männliche Berufsanfänger herabzusetzen, um ein Übergewicht von Frauen zu vermeiden.

An den Ausbildungsvoraussetzungen liegt es demnach nicht, wenn Frauen heute immer noch im Erwerbsleben gegenüber Männern benachteiligt sind. Das gilt für ein immer noch geringeres Lohn- und Gehaltsniveau ebenso wie für die schlechteren Karrieremöglichkeiten von Frauen.

Die Arbeitsmarktsituation der Frauen ist deutlich schwächer als die von Männern: Obwohl nur 40 Prozent aller Arbeitnehmer Frauen sind, beträgt ihr Anteil an den Arbeitslosen 46,1 Prozent. Ihre Arbeitslosenquote liegt bei 10,2 gegenüber 8 Prozent bei den Männern (1989: 9,1 zu 6,6 Prozent). Mädchen finden schwerer einen Ausbildungsplatz als Jungen. Ihr Anteil an den nichtvermittelten Jugendlichen beträgt zwei Drittel. Frauen als Führungskräfte zählen immer noch zu den Ausnahmen. Auf der Ebene des mittleren Managements liegt der Frauenanteil heute bei 4,1 Prozent. Nur 2,6 Prozent der GmbH-Geschäftsführer sind Frauen, bei den Aktiengesellschaften gibt es 0,7 Prozent weibliche Vorstandsmitglieder und ganze 0,3 Prozent der Aufsichtsratsposten für Frauen.

Der öffentliche Dienst geht keineswegs mit gutem Beispiel voran. Unter den gut 150 Abteilungsleitern der Bundesverwaltung zum Beispiel gibt es nur eine einzige Frau (im Ministerium für Jugend, Familie, Frauen und Gesundheit. Seit kurzem gibt es im Bundesarbeitsministerium eine zweite Frau in der Position der Abteilungsleiterin). An betrieblichen Weiterbildungsmaßnahmen werden Frauen unterdurchschnittlich beteiligt.

Wenn auch die Erwerbsbeteiligung der Frauen in den letzten Jahren stark zugenommen hat und noch weiter zunimmt, so gilt doch für die meisten von ihnen, daß sie nicht ununterbrochen erwerbstätig sein können oder sein wollen, weil sie Aufgaben in der Familie wahrnehmen.

Die verstärkte Nachfrage von Frauen auf dem Arbeitsmarkt und ihre erhöhte Erwerbsbeteiligung hat noch keineswegs dazu geführt, daß die Aufgaben in der Familie ebenfalls neu verteilt werden. Noch bis in die 70er Jahre hinein galt die Familie ganz zweifelsfrei als alleiniger Verantwortungsbereich der Frau. Es ist noch nicht sehr lange her, daß sich Männer in verstärktem Maße für Familie interessieren und sich auch prinzipiell für eine partnerschaftliche Aufgabenteilung aussprechen. Umfragen zeigen jedoch, daß junge Paare selbst da, wo sie ihre Aufgaben im Haus über Jahre miteinander geteilt haben, nach der Geburt eines Kindes oft wieder in die traditionelle Rollenverteilung zurückkehren.

Tatsächlich hat die Erwerbsbeteiligung den Frauen nicht die Gleichberechtigung gebracht, die man sich einmal von ihr in den Anfängen der Frauenbewegung erhofft hatte. Auch wenn die Frauen finanziell heute weit unabhängiger sind als in früheren Generationen, so haben sie diese Unabhängigkeit doch in vielen Fällen mit erheblichen Mehrbelastungen erkauft.

Notwendige Kurskorrekturen für Frauen

Viele Frauen werden zwischen diesen Anforderungen zerrieben. Man hat sie gut ausgebildet und in die Erwerbsarbeit geholt, aber diese Erwerbsarbeit ist mit ihren Strukturen nach wie vor ganz auf den männlichen Normallebenslauf zugeschnitten: Vom Ende der Schulzeit bis zum Beginn des Rentenalters steht man dem Erwerbsberuf normalerweise acht Stunden am Tag zur Verfügung. Erwerbsbiographien von Frauen sehen aber ganz anders aus: Da wechseln Phasen voller Erwerbstätigkeit mit solchen von Teilzeitarbeit ab. Frauen unterbrechen ihre Erwerbstätigkeit – und zwar nicht nur ein einziges Mal, sondern mitunter häufiger – weil es die Verhältnisse in der Familie erfordern. Solche für Frauen typischen Wechsel beeinträchtigen ihre Chancen im Berufsleben sehr. Sie reduzieren:

- ihre Chancen bei der Berufsausbildung, weil die Aufwendungen für eine qualifizierte Ausbildung sich für einen Arbeitgeber nicht amortisieren, wenn die Arbeitnehmerin schon nach kurzer Zeit aus dem Erwerbsleben wieder ausscheidet;
- ihre Chancen auf einen qualifizierten, gut dotierten Arbeitsplatz, weil durch Unterbrechungszeiten rasche Qualifikationsverluste auftreten, für die wir bisher noch so gut wie keine Kompensationsmöglichkeiten haben;
- ihre Aufstiegschancen, weil sie nicht in Weiterbildungsmaßnahmen einbezogen werden und weil man sich Führungspositionen allgemein nur von Personen besetzt vorstellt, die voll und ganz, mit Leib und Seele ihrem Beruf zur Verfügung stehen.

Unsere Arbeitswelt ist am Leben von Männern orientiert, die sich die volle Berufsorientierung letztlich nur leisten können, weil es Frauen gibt, die ihnen die Hausarbeit und die Sorge für die Kinder abgenommen haben. Dieser Typ Arbeitnehmer gilt oft als der Normalfall. Wer damit nicht zu Rande kommt, muß selbst sehen, wo er bleibt.

Wer dem Normalfall nicht entspricht, muß keineswegs nur den Verdienstausfall in Kauf nehmen: Wer im öffentlichen Dienst auf eine Teilzeittätigkeit überwechselt, muß Kürzungen in seiner Altersversorgung hinnehmen – und zwar überproportional hoch im Vergleich zur Verkürzung seiner Arbeitszeit. Lange Zeit war die Inanspruchnahme von Leistungen nach dem Arbeitsförderungsgesetz an eine möglichst lückenlose, vorherige versicherungspflichtige Beschäftigung gebunden. Dies hat die Wiedereinstiegsmöglichkeiten von Frauen nach der Familienphase zusätzlich erschwert.

Zwar wurde 1984 eine frauen- und familiengerechtere Regelung eingeführt: kindbezogen erhalten die Frauen, die ihre Erwerbstätigkeit unterbrechen, bei der Wiedereingliederung in den Beruf ihre Leistungsansprüche für einen Zeitraum von fünf Jahren aufrecht. Dennoch: unser soziales Sicherungssystem ist immer noch primär auf den Arbeitnehmer mit ununterbrochener Erwerbsbiographie ausgerichtet. Unterbrechungen sind allenfalls als Ausnahme denkbar, bei Krankheit oder Arbeitslosigkeit etwa.

Nun wird man einwenden: Wenn die Erwerbstätigkeit schon mit so vielen Benachteiligungen für Frauen verbunden ist, warum empfehlen Sie den Frauen dann nicht, daheim zu bleiben, auf Erwerbstätigkeit zu verzichten? Dann fielen die Doppel- und Dreifachbelastungen fort, die traditionelle Rollenverteilung könnte weiterbestehen und alles wäre aufs Beste gelöst.

In der Tat wären die Probleme überhaupt nicht gelöst, denn der Zug in die Erwerbsarbeit ist für die Frauen alles andere als eine modische Marotte, die man ebensogut aufgeben könnte. Erwerbsarbeit ist in unserer Gesellschaft mehr als nur eine Gelegenheit, die Mittel für den Lebensunterhalt zu beschaffen. An Erwerbsarbeit ist das gesamte System der sozialen Sicherung geknüpft, auch wenn inzwischen die Anerkennung von Erziehungszeiten im Rentenrecht verankert wurde. Erwerbsarbeit sichert den gesellschaftlichen Status eines Menschen. Wer nicht über Erwerbsarbeit verfügt, sei es, weil er zu alt, zu jung oder arbeitslos geworden ist, gilt wenig in unserer Gesellschaft. Trotz aller feierlichen Würdigungen von Ehrenamt und Arbeit außerhalb der Erwerbsarbeit – letzten Endes sind zu viele Belohnungen mit beruflicher Tätigkeit und zu viele Benachteiligungen mit dem Verzicht auf Erwerbsarbeit verbunden, als daß wir uns auch nur kurzfristig der Illusion hingeben könnten, es könne alles wieder so werden wie vorher – wobei ich einmal dahingestellt sein lassen will, ob es früher tatsächlich so viel besser war als heute.

Außerdem ist zu bedenken, daß durch die verlängerte Lebenserwartung die Phase der Kindererziehung heute nur noch einen geringeren Teil im Leben einer Frau in Anspruch nimmt. Wenn die Kinder „aus dem Gröbsten heraus" sind, ist eine Frau im allgemeinen zwischen 35 und 40 Jahren alt. Dann hat sie noch mindestens 25 Jahre vor sich, in denen sie erwerbstätig sein könnte. Im Alter zwischen 35 und 45 Jahren waren 1970 zum Beispiel nur knapp 47 Prozent der Frauen erwerbstätig, 1985 dagegen fast 62 Prozent. Bei den ledigen Frauen dieser Altersgruppe ist der Zuwachs nur gering; anders dagegen bei den verheirateten bzw. geschiedenen Frauen, deren Erwerbstätigkeit in dieser Altersgruppe um ganze 15 Prozentpunkte zugenommen hat. Am höchsten allerdings ist die Erwerbsquote bei den Frauen zwischen 20 und 25 Jahren: fast 75 Prozent. Dies genau aber ist die Altersstufe, in der Frauen Kinder großziehen. Die Friktionen, die dadurch entstehen, kann sich jeder ausmalen. Alle Untersuchungen zeigen eines deutlich: Frauen wollen Familie, und sie wollen auch Zeit für Familie. Aber sie wollen Familie nicht als ausschließliche Alternative zur Erwerbsarbeit sehen. Sie wollen beides miteinander vereinbaren, sei es gleichzeitig oder nacheinander.

Zugleich aber erleben sie, daß die Bedingungen, unter denen sie arbeiten und Kinder haben sollen, Tag für Tag neue Schwierigkeiten heraufbeschwören, mit denen die jeweilige Familie weitgehend alleingelassen wird. Viele junge Paare haben daraus längst ihre Konsequenzen gezogen: Obwohl sie gern mehr Kinder hätten, entscheiden sie sich letztlich nur für eines oder schieben den Zeitpunkt für die Geburt eines Kindes immer weiter hinaus, um schließlich angesichts der Schwierigkeiten völlig zu resignieren.

Dies ist aber längst kein Problem mehr, das die betroffenen Frauen ganz privat angeht. Ob und wieviel Kinder zur Zeit in unserer Gesellschaft aufwachsen, geht alle an und beeinflußt unser aller Leben.

Es ist eine Frage der Kultur, ob wir es uns leisten, Menschen für Arbeit außerhalb der Erwerbsarbeit freizustellen, nicht nur für Kindererziehung, sondern auch für die Pflege kranker oder alter Menschen oder für ehrenamtliche Tätigkeit. Solange wir jene belohnen, die sich allein der Erwerbsarbeit widmen und jene benachteiligen, die dies nicht tun, werden wir immer mehr Menschen in die Erwerbsarbeit drängen und zugleich immer mehr menschliche Betreuung professionalisieren müssen. Das Problem wird sich in wenigen Jahren, wenn der Arbeitsmarkt sich entspannt und wieder mehr Fachkräfte gesucht werden, noch deutlich verstärken. Es liegt an uns, ob wir heute die richtigen Signale setzen – nicht nur aus Kostengründen. Eine Gesellschaft wird kulturell arm, wenn sie für die unterschiedlichsten Lebenslagen nur noch ein Modell kennt – das der Vollerwerbstätigkeit und der institutionalisierten Betreuung für alle, die sich nicht selbst helfen können.

Vorschläge zum Abbau der bestehenden Probleme

Welche Lösungsmöglichkeiten werden uns für diesen Grundkonflikt, an dem sich die Frauenfrage kristallisiert, angeboten? Oft wird behauptet, kürzere Arbeitszeiten könnten die Belastungen für die Frauen reduzieren und zugleich die Bereitschaft der Männer erhöhen, sich an den Familienaufgaben mit zu beteiligen. Sechs-Stunden-Tag für alle – das erscheint auf dem ersten Blick als ein Patentrezept, das für manche Frau durchaus eine Entlastung mit sich bringen kann. Aber gerade da, wo noch andere Problemlagen hinzukommen, ist der Sechs-Stunden-Tag keine Hilfe. Sind zum Beispiel mehrere Kinder zu versorgen, müssen etwa noch alte Menschen mitbetreut werden oder ein behindertes Kind, liegt der Arbeitsplatz weiter entfernt, so daß täglich lange Anfahrtzeiten nötig sind, dann geht im allgemeinen kein Weg an der Unterbrechung der Erwerbstätigkeit vorbei. Und ich füge hinzu: Wahlfreiheit setzt eben unterschiedliche Lösungsmöglichkeiten voraus. Es sollte im übrigen auch niemand glauben, kürzere Arbeitszeiten würden das Problem der unzulänglichen Aufgabenverteilung im Haushalt zwischen Mann und Frau lösen. Mehr Freizeit für den Mann bedeutet noch keineswegs automatisch mehr Entlastung für die Frau. Ich plädiere deshalb dafür, daß die Gesellschaft Möglichkeiten anbietet, die den Frauen – und nicht nur ihnen – die Vereinbarung von Familie und Beruf in den verschiedensten Formen ermöglicht. Und dies ist durchaus nicht nur eine Aufgabe für den Staat.

1. Wir brauchen mehr qualifizierte Arbeitsplätze für Frauen. Immer noch konzentrieren sich Mädchen auf wenige Ausbildungsberufe, die zudem noch wenig zukunftsorientiert sind. Formale Hemmnisse für Frauen in traditionellen Männerberufen gibt es kaum mehr, aber Mädchen, die sich dafür entscheiden, werden offenbar, wie die Ergebnisse der Modellversuche zeigen, sehr rasch entmutigt. Auch hier heißt „Mehr Chancen für Frauen" nicht nur die formalen Zugangsmöglichkeiten vermitteln. Mädchen brauchen Zuspruch und Unterstützung durch Eltern, Lehrer und Freunde, wenn sie sich zu untypischen Berufen entschließen sollen. Sie brauchen auch Ausbilderinnen, die ihnen in der eigenen Person die Erfahrung vermitteln können, daß sie auch in diesen Berufen als Frau erfolgreich arbeiten können. Wir brauchen mehr Personalchefs, mehr Arbeitgeber, die sich von dem Vorurteil frei machen, eine junge Frau sei, da sie Mutter werden könne, ein zu stark belastender Kostenfaktor. Unternehmer, die tief besorgt sind über den Rückgang der Geburtenziffern, sollten sich fragen, welche Verantwortung sie hier übernehmen können und sollen.

Wir sollten bei allen gegenwärtigen Problemen nicht aus dem Auge verlieren, daß allein der in einigen Jahren zu erwartende steigende Bedarf an qualifizierten Fachkräften, gerade auch im Bereich der neuen Technologien, den Frauen große Möglichkeiten auf dem Arbeitsmarkt erschließen wird. Weitsichtige Unternehmen in Wachstumsbranchen haben dies längst erkannt und sind bereits zu Frauenfördermaßnahmen übergegangen.

2. *Wir brauchen mehr Möglichkeiten der Vereinbarkeit von Familie und Beruf.* Dazu gehört vor allem ein ausreichendes Angebot an Teilzeitarbeit. Zwischen dem Angebot und dem derzeitigen Bedarf klafft eine riesige Lücke. Von den arbeitslosen Frauen suchen etwa 20% (das sind 226 000) nach einer Teilzeitbeschäftigung, aber diese Zahl gibt nur einen Teil des Bedarfs wieder, weil in ihr all die Frauen nicht enthalten sind, die vollerwerbstätig sind und in ihrem Betrieb keine Arbeitszeitreduzierung erhalten können. Viele Frauen mit Familienpflichten sind deshalb gezwungen, auf Teilzeittätigkeiten im Rahmen der geringfügigen Beschäftigung auszuweichen, die nicht sozialversicherungsrechtlich abgesichert sind. Sie sind eigentlich nur als kurze Aushilfstätigkeiten gedacht, machen jetzt jedoch leider einen erheblichen Teil der Teilzeitarbeitsplätze aus, nämlich etwa ein Drittel (= 1,3 Mio.).

Wenn ich also mehr Teilzeitarbeit fordere, dann meine ich nicht mehr 450-DM-Arbeitsverträge, sondern geschützte Arbeitsverhältnisse unterhalb der Normalarbeitszeit. Ich sehe keine Lösung für die Frauenfrage in einer Erwerbstätigkeit, die die Frauen im Alter oder bei Berufsunfähigkeit letztlich doch wieder auf die Sozialhilfe verweist. Und um auch dies noch deutlich zu sagen: Ich halte es auch nicht für vertretbar, daß ein Teil der Arbeitnehmer und vor allem der Arbeitnehmerinnen mit Rückgriff auf die Absicherung, die die Solidargemeinschaften für Familien bereitstellen, keine Beiträge zur Sozialversicherung zahlen. Solche Mißbräuche werden über kurz oder lang das gesamte System der Mitversicherung für Angehörige in Frage stellen – eine Entwicklung, an der niemandem gelegen sein kann.

Teilzeitarbeit darf darüber hinaus künftig nicht noch mit Nachteilen verbunden bleiben, etwa den Versorgungsabschlägen, die im öffentlichen Dienst üblich sind, oder doppelt so langen Beförderungszeiten.

Wichtig ist auch, daß Teilzeitarbeit nicht länger nur in unqualifizierten, schlecht bezahlten Tätigkeiten angeboten wird. Die meisten Arbeitgeber sind sich heute darüber klar, daß Teilzeitarbeit nicht teurer sein muß als Vollzeitarbeit, weil die Produktivität eines kürzere Zeit Beschäftigten durchaus nicht geringer zu veranschlagen ist. Ich warne uns Frauen aber zugleich auch vor der Vorstellung, die Zahl von Teilzeitarbeitsplätzen ließe sich beliebig vermehren, solange alle nur vormittags erwerbstätig sein wollen. Mehr Teilzeitarbeitsplätze erfordern auch ein Umdenken in der Bereitschaft, vormittags oder nachmittags erwerbstätig zu sein. In vielen Kindergärten steht zum Beispiel auch eine Nachmittagsbetreuung zur Verfügung. Im Schulsystem ist dies in der Bundesrepublik bisher leider noch ganz anders. Damit komme ich zu einem dritten wichtigen Element zur Lösung der Frauenfrage.

3. Wir brauchen ein besseres Angebot von Betreuungsmöglichkeiten. Trotz rückläufiger Geburtenzahlen suchen viele Eltern noch immer vergeblich nach akzeptablen Betreuungseinrichtungen für ihre Kinder. Kindergartenplätze sind nach wie vor rar. Betreuungsmöglichkeiten für die Phase von null bis drei Jahren sind so gut wie gar nicht vorhanden. Und mit einem Platz ist es oft nicht getan, da die Öffnungszeiten sich häufig nicht mit den Arbeitszeiten vereinbaren lassen. In den letzten Jahren ist hier zwar schon einiges in Bewegung gekommen, aber ich bin sicher, daß die Möglichkeiten für flexible Öffnungszeiten noch keineswegs ausgeschöpft sind.

Das Problem ist bei uns auch nicht mit dem Eintritt ins Schulalter gelöst. Viele Mütter von Grundschülern müssen ihre Erwerbstätigkeit wieder aufgeben, weil in den ersten Schuljahren die Kinder einmal um 8, ein anderes Mal um 10 Uhr zur Schule müssen oder auch zu völlig unterschiedlichen Zeiten nach Hause kommen. Wir sind im übrigen das einzige Land in der EG, das keine Ganztagsschule als Regeleinrichtung kennt. Ich halte es nicht für einen Zufall, daß in anderen hochentwickelten Industrieländern die Geburtenziffern weit höher sind als bei uns, weil dort die Betreuungsproblematik nicht einmal annähernd in der gleichen Schärfe auftrifft wie hier.

Um die Ganztagsschule wird in der Bundesrepublik eine zum Teil unverständliche und abwegige Diskussion geführt. Man wird ja nicht behaupten wollen, daß überall in Europa – nur von Österreich abgesehen – seit Jahrzehnten beständig das Kindeswohl mißachtet werde und alle Kinder Opfer einer sozialistischen Erziehung wären, weil Eltern und Kinder morgens gemeinsam das Haus verlassen und nachmittags zurückkehren können!

Betreuungsmöglichkeiten für Kinder sind wichtig, aber ich möchte noch einmal deutlich sagen, daß meine Zielvorstellung nicht dahingeht, daß sämtliche Eltern arbeiten und sämtliche Kinder in Betreuungseinrichtungen untergebracht sind. Ich stehe vielmehr dafür ein, daß man, ohne anhaltende Benachteiligungen in Kauf nehmen zu müssen, vorübergehend ebenso aus dem Erwerbsleben ausscheiden kann, um sich ganz der Familie zu widmen.

4. Wir brauchen deshalb ebenso dringend bessere Möglichkeiten zur Unterbrechung und zur Rückkehr in den erlernten oder neu zu erlernenden Erwerbsberuf. Ebensowenig wie einmal Teilzeit immer Teilzeit bedeuten darf, darf die Unterbrechung nicht den späteren Wiedereinstieg ins Erwerbsleben gefährden oder ausschließen. Wie wichtig gerade dieser Punkt ist, haben die Erfahrungen mit dem Erziehungsurlaub gezeigt. Wenn heute 94% aller Berechtigten den Erziehungsurlaub in Anspruch nehmen, ja selbst 82% der Alleinerziehenden, dann ist dies ein Beweis dafür, daß Unterbrechungs- und Rückkehrmöglichkeiten die Belastungen, in denen sich junge Eltern befinden, ganz entscheidend zu vermindern vermögen.

Wir legen deshalb großen Wert darauf, es nicht bei einem Jahr zu belassen, sondern bald den Einstieg ins zweite Jahr zu schaffen. (Am 1. Juli 1989 wurde das Erziehungsgeld und der Erziehungsurlaub für die von diesem Zeitpunkt ab geborenen Kinder auf 15 Monate und vom 1. Juli 1990 auf 18 Monate verlängert.)

Inzwischen gibt es auch eine ganze Reihe von Einzelbetrieben und Verwaltungen, die Beurlaubungsmöglichkeiten wegen Familienpflichten vorsehen und die entsprechenden Regelungen über Betriebsvereinbarungen abgesichert haben.

Ich bin mir darüber im klaren, daß solche Elternurlaubsmodelle keine Lösung für Klein- und Mittelbetriebe darstellen, jedenfalls nicht im Regelfall. Aber bessere Wiedereingliederungsmöglichkeiten sollten auch hier zu schaffen sein, etwa durch Kontakthalten zum Beruf, durch Einbeziehung in Fortbildungsprogramme. Berufliches Wissen ist heute schon nach kurzer Zeit überholt. Berufliche Fortbildung ist dringend erforderlich. Deswegen sind jene, die aus Familiengründen den Erwerbsberuf unterbrechen, in Fortbildungsmaßnahmen, gerade auch solche betrieblicher Art, dringend einzubeziehen. Mit der 7. Arbeitsförderungsgesetz-Novelle haben wir einige Hürden für Frauen abbauen können, die früher durch ihre Unterbrechung der Erwerbstätigkeit ihre Ansprüche auf Einbeziehung in solche Bildungsmaßnahmen verloren hatten. Die Bundesregierung hat eine Wiedereingliederungsinitiative beschlossen, die vor allem auch den Frauen im ländlichen Raum zugute kommen soll.

Damit allein aber ist es nicht getan. Wiedereingliederung scheitert allzuoft an Vorurteilen. Frauen, die aus der Familientätigkeit kommen, werden immer wieder gefragt, was sie denn in der Familie an Arbeit geleistet hätten, die für den Erwerbsberuf relevant ist. Diese Abwertung der Leistungen außerhalb der Erwerbsarbeit ist leider immer noch häufig anzutreffen und zeigt deutlich, wie wenig in der Öffentlichkeit von den Anforderungen verstanden wird, die mit Erziehung, Pflege und Haushaltsführung verbunden sind.

Das Steuerrecht bietet für diese Vorurteile ebenfalls eine

Reihe von Beispielen. Den Frauen, die sich um Wiedereingliederung bemühen, wird zudem häufig klargemacht, daß sie mit 45 Jahren bereits viel zu alt seien für einen Beruf. Die Erkenntnisse der Gerontologie, die nun seit Jahren immer neue Beweise für die erstaunliche Lern- und Leistungsfähigkeit älterer Menschen liefert, sind offenbar nicht bis in die Arbeitsämter oder die Personalabteilungen durchgedrungen. Gerade nach der Familienphase bringen Frauen ein hohes Maß an Leistungsfähigkeit, Einsatzbereitschaft und Kreativität mit, das endlich genutzt werden sollte.

5. Wir brauchen schließlich die Einbeziehung von Arbeit außerhalb der Erwerbsarbeit in die Systeme der sozialen Sicherung. Selbst die Sozialdemokraten haben vor kurzem eine Diskussion begonnen, die auf eine Neubewertung der außerberuflichen Arbeit abzielt. Ich will ganz deutlich betonen, daß ich nicht zu jenen gehöre, die für eine Entlohnung von Haus- und Familienarbeit parallel zur Erwerbsarbeit eintreten. Eine Gesellschaft, die ihre Beziehungen nur noch auf Tauschverhältnissen aufbaut, scheint mir überhaupt kein erstrebenswertes Ziel. Wir können nicht auch noch die privat erbrachte Arbeit berechnen und abrechnen. Es gibt eben auch noch andere Beziehungen als die im Erwerbsleben abgeschlossenen Verträge zwischen Arbeitgebern und Arbeitnehmern.

Arbeit, die allein um des anderen Menschen willen geschieht, hat einen Wert, der über den einer reinen Dienstleistung hinausgeht. Sie wertet denjenigen auf, um dessentwillen sie getan wird. Sie ist nötig für den, der sie tut, und für den, an dem sie getan wird. Aber es geht nicht an, daß jemand dafür langfristig benachteiligt wird. Ich kann es nicht als gerecht empfinden, daß eine Frau, die über Jahre auf Erwerbsarbeit verzichtet hat, um pflegebedürftige Personen zu versorgen oder ein behindertes Kind zu betreuen und die damit öffentliche Einrichtungen entlastet, am Ende selbst auf die Sozialhilfe angewiesen ist, wenn sie ins Rentenalter kommt. Deshalb fordere ich die Einbeziehung nicht nur von Kindererziehungszeiten, sondern auch von Pflegeleistungen in die Rentenversicherung.[2] Das mag heute sehr teuer erscheinen, aber ich bin sicher, daß die Kosten unvergleichlich viel höher sein werden, wenn wir auf diese Lösung verzichten und immer mehr Frauen die Familienpflege aufgeben. Heute wird nämlich nur einer von zehn Pflegebedürftigen institutionell gepflegt. Jeder kann sich ausrechnen, welche Kostenlawine auf uns zukommt, wenn sich nur 10% der heute pflegenden Frauen für Erwerbstätigkeit entscheiden. Von den menschlichen Kosten will ich hier einmal gar nicht reden.

Die Stärkung der Familienpflege gehört deshalb zu den wichtigen sozialpolitischen Aufgaben – nicht nur aus frauenpolitischer Perspektive. Die jetzt im Rahmen der Gesundheitsreform vorgesehenen Leistungen zur Entlastung der Pflegenden sind wichtige Bausteine, die aber die soziale Sicherung der Pflegenden nicht gewährleisten können. Das ist eine Aufgabe der anstehenden Rentenreform.

6. Die Lösung der Frauenfrage, die heutzutage immer mehr eine Kinderfrage ist, wird aber nicht allein von solchen staatlichen, innerbetrieblichen oder gewerkschaftlichen Initiativen abhängen. Solange Väter sich weniger zuständig für Familie fühlen als Mütter, wird die ungleiche Aufgabenverteilung nicht zu beseitigen sein. Das hängt allerdings nicht allein am mehr oder weniger vorhandenen guten Willen der Väter. Es hat bis zur Einführung des Erziehungsgeldgesetzes gedauert, ehe die Väter erstmalig als Anspruchsberechtigte für Leistungen im Zusammenhang mit Kindern auftreten konnten. Das Mutterschaftsurlaubsgesetz war ein

---

[2] Inzwischen befindet sich das Rentenreformgesetz, das 1992 in Kraft treten soll, in der parlamentarischen Beratung. Es sieht – und das ist eine grundlegende Veränderung – drei Jahre pro Kind (für die ab 1992 geborenen) als Erziehungszeit im Rentenrecht vor. Darüber hinaus werden bei den Ausfallzeiten Kinder – bis zum 10. Lebensjahr – und Pflegezeiten unbegrenzt berücksichtigt.

reines Frauengesetz. Männer hatten danach keinerlei Ansprüche. Das haben wir beim Erziehungsgeldgesetz geändert, und auch wenn heute insgesamt erst 7529 (= 1,5%) Väter den Erziehungsurlaub in Anspruch genommen haben, so ist dies doch ein wichtiger Anfang, der Schule machen wird.

Wenn auch mit großer Verzögerung gegenüber dem Rollenwandel der Frau, so erleben wir derzeit doch auch Veränderungen in der Rollenvorstellung des Mannes. Sein Interesse an Kindern ist deutlich gestiegen, und keineswegs nur bei jungen Männern. Gerade die Großväter entwickeln heute ein Verhältnis zu ihren Enkeln, das sie zu ihren eigenen Kindern niemals hatten. Wir bewegen uns von der Mutterfamilie hin zur Elternfamilie – ein Umstand, den inzwischen auch die Werbung entdeckt hat, wie man an den vielen schicken jungen Vätern mit Kindern auf den Anzeigenseiten der Illustrierten sehen kann.

Wenn es uns gelingt, die notwendigen Verbesserungen konsequent Schritt für Schritt durchzusetzen, dann haben die Frauen in unserem Land nicht nur eine Chance, sondern wirklich weitgehend gleichwertige Chancen. Aber bis dahin ist noch viel zu tun. Die herkömmlichen Strukturen verändern sich nur sehr langsam, und sie verändern sich gar nicht, wenn Frauen ihre Belange und die ihrer Familien nicht immer wieder einbringen. Eine Chance für Frauen heißt deshalb auch:

7. Wir müssen für mehr Teilhabe von Frauen an den politischen Entscheidungen sorgen. In den Parteien, bei den Ämtern und Mandaten zählen Frauen genauso zu den Ausnahmen wie in den Führungspositionen der Wirtschaft. Bis zur Bundestagswahl 1987 war die Zahl der Parlamentarierinnen im Bundestag nicht höher als zu Beginn der Weimarer Republik im Reichstag. Auch hier zeigt sich wieder: Das Wahlrecht allein vermittelt den Frauen noch nicht die Chancen, die sie brauchen, um in der Politik auch gleichgewichtig vertreten zu sein. Inzwischen sind die Einflußmöglichkeiten der Frauen in allen Parteien zum Thema geworden. Im Bundestag gibt es inzwischen 15,6% Frauen; in den Landtagen sieht es im Durchschnitt auch nicht besser aus. Deshalb fordern die Frauen aller Parteien zusätzliche Maßnahmen, die ihre Startchancen in der Auseinandersetzung mit den Männern um Ämter und Mandate verbessern helfen. Die Ungeduld ist größer geworden. Die Parteien gehen unterschiedliche Wege zur Lösung der Probleme. Ob mit oder ohne Quotierung, klar scheint zu sein, daß immer mehr Frauen ihre Rechte durch aktive und verantwortliche Teilhabe in der Politik wahrnehmen wollen. Auch hier geht es um Verteilung von Macht, aber auch um die Berücksichtigung familialer Belange. Es sind noch viele Hürden zu überwinden, ehe ein gleicher Anteil von Frauen in der Politik zur Selbstverständlichkeit geworden sein wird. Aber wir sind auf einem guten Weg.

Wir brauchen mehr Frauen in der Politik, und zwar nicht nur um der Frauen selbst willen. Auch hier sind die Konzepte für eine Mehrheit nicht primär mit dem zahlenmäßigen Anteil der Frauen zu begründen. Mehr Frauen in der Politik – das kann und sollte eine andere, eine qualitativ veränderte Politik ermöglichen, in die Erfahrungen und Lebenszusammenhänge von Frauen unmittelbar mit eingehen können. Frauen haben aus ihrem Lebensbereich, aus dem alltäglichen Umgang mit Familie, mit Kindern, mit Alten und Kranken, aus ihrem besonderen Kontakt mit den elementaren Bedürfnissen und Möglichkeiten von Menschen durchaus Eigenes in die Politik einzubringen. Diese Erfahrungen sind unverzichtbar für eine Politik, die sich immer neu vergewissern muß, daß die Sachpolitik nicht gegen die elementaren Bedürfnisse und Eigenheiten der Menschen verstößt. Ich will nur auf Themenbereiche wie Lebensschutz und Friedenssicherung, auf Gentechnologie oder Umweltschutz, Wohnung und Wohnungsumwelt verweisen, bei denen Frauen verantwortlich mitwirken müssen. Wohin es führt, wenn Frauen aus den Zukunftsplanungen ausgeschlossen bleiben, können wir heute augenfällig am

Wohnungsbau wahrnehmen. Ich bin ganz sicher, daß es bestimmte Auswüchse in diesem Bereich nicht gegeben hätte, wenn Frauen an den Planungen mit ihren Erfahrungen hätten teilhaben können.

Die Lösung der Frauenfrage ist nicht nur Aufgabe der Politik

Es ist nicht damit getan, den Frauen auch einmal eine Chance einzuräumen. Wir stehen vor der Aufgabe, den Frauen zunächst einmal Freiräume zu schaffen, die es ihnen ermöglichen, jene Chancen wahrzunehmen, die Männer immer schon hatten. Der Weg dazu kann nicht darin bestehen, daß Frauen künftig so leben, wie Männer dies bisher getan haben. Beide, Männer wie Frauen, sollten Gelegenheit haben, Arbeit inner- und außerhalb der Erwerbsarbeit zu leisten, ohne daß der eine stärker belastet wäre als der andere. Vernachlässigen wir diese zentralen Fragen, so hat das wahrscheinlich fatale Folgen für unser Miteinander im Kleinen wie im Großen, in der Familie, in der Nachbarschaftspflege, in der Gemeinde, aber auch im Erwerbsleben. Wir brauchen gute öffentliche und private Erziehungs- und Pflegeeinrichtungen. Aber wir brauchen und wollen mehr Lösungen im familialen Bereich. Die Lösung der Frauenfrage betrifft deshalb längst nicht mehr nur die Frauen. Sie ist auch keine Aufgabe, die der Staat allein bewältigen kann oder sollte. Wirtschaft und Gesellschaft, Arbeitgeber und Gewerkschaften, Gesetzgeber und Verwaltung, aber auch jeder Einzelne können und müssen dazu ihren Beitrag leisten. Dann aber wird die Chance für Frauen zugleich eine Chance für eine menschlichere Gesellschaft sein.

Die gleichberechtigte Teilhabe an der öffentlichen Macht – für Frauen nur eine Utopie?

Frauen als Randgruppe in den öffentlichen Machtzentren

1. Bei öffentlichen Machtzentren denken wir an allererster Stelle an die Bereiche Politik und Wirtschaft. Viele von uns können die dort vorzufindenden, lächerlich niedrigen Frauenanteile bereits auswendig hersagen, niemand von uns sollte dazu aber öffentliche Wiederholungen scheuen. 23,9 Mio. wahlberechtigte Frauen in der Bundesrepublik Deutschland (1987: 24,2 Mio.), die Mehrheit der Wähler, müssen bisher zur Kenntnis nehmen, daß nur rund 10% der Abgeordneten im Deutschen Bundestag Frauen sind (1987: 15,4%) – nach dem Stande von 1986 51 weibliche Abgeordnete (81 Abgeordnete). Bedauerlicherweise sind die Frauenanteile in den nationalen Parlamenten unserer engeren und weiteren europäischen Nachbarländer sogar noch niedriger: z. B. in Frankreich 4,7% (1989: 5,5%), in Großbritannien 5,3% (1989: 6,3%) und in Italien 6,6% (1989: unverändert). In den Niederlanden sind es in beiden Nationalkammern jedoch schon mehr als 20% (1989: unverändert) und im norwegischen Storting seit dem letzten Jahr 35,7% (1989: unverändert), das ist der höchste Frauenanteil in einem nationalen Parlament auf der ganzen Welt. Ich will mich zunächst nur auf derartige Zahlen beschränken, die Analyse folgt später, hauptsächlich in den weiteren Referaten und in den Diskussionen auf dieser Tagung. In den Länderparlamenten unserer Bundesländer reicht der Frauenanteil nach dem Stande vom Juni 1986 von 6,7% (1989: 6,9%) in Baden-Württemberg bis zu 16% (1989: 29,2%) in Bre-

men. Frauen sind in den Kommunalparlamenten durchschnittlich mit 12,7% (1989: 15,4%) vertreten, wobei nach dem Stand von 1986 in den Großstädten mit durchschnittlich 18,2% deutlich mehr weibliche Ratsmitglieder tätig waren als in den Gemeinden zwischen 10000 und 20000 Einwohnern (10,7%). Wir wollen auch vergleichsweise positive Beispiele nicht übergehen: Die höchsten Frauenanteile in den Kommunalparlamenten haben München und Freiburg mit je 35%, gefolgt von Bremerhaven mit 31% (1989: München 34%, Freiburg 35%, Bremerhaven 29%). Auch Bonn liegt mit einem Frauenanteil von 26,1% (1989: unverändert) noch im oberen Drittel. Soweit zu den Parlamenten. In den Bundesvorständen der politischen Parteien beträgt die Frauenrepräsentanz 1986 bei der FDP 10,8% (1989: 21,2%), bei der SPD jetzt beachtliche rd. 25% (1989: 35%); dazwischen liegen CDU und CSU (CDU 1985 15,8%, 1989 20%, CSU 1985 6,8%, 1989 9,7%). Die GRÜNEN können zu Recht auf ihren Frauenanteil von 36,4% (1989: 54,5%) stolz sein. In der deutschen Industrie sind von 52000 Führungspositionen 3,8% oder 2000 mit einer Frau besetzt (1989: 4%). Von den 6760 Aufsichtsratsmitgliedern waren 1984 auf der Anteilseigner-Seite nur 1,9% bzw. 65 Mitglieder Frauen und auf der Arbeitnehmerseite 2,9%, also 130 Frauen. 22% (1988: 23,4%) der DGB-Mitglieder sind Frauen, ihr Anteil an den vom DGB gehaltenen Aufsichtsratsmandaten beträgt 4% (1989: 7%). Von den Hochschul-Professoren der Besoldungsgruppe C 4 sind 2,4% (1989: 2,6%) weiblich. Die Bundesrepublik Deutschland mit ihren auch im internationalen Vergleich hohen Aufwendungen für Forschung und Lehre hat unter den westlichen Industrienationen einen der niedrigsten Anteile von Professorinnen, besonders in den führenden Positionen der Forschung. In den USA ist z. B. der Frauenanteil an den Professoren in den Naturwissenschaften mehr als doppelt so hoch wie bei uns.

2. Im Bereich der Freien Wohlfahrt und der Kirchen sind Frauen im übrigen ebenfalls nur sehr selten mit leitenden Aufgaben betraut. Ihre Unterrepräsentanz in den Führungs-

ebenen wird hier sogar besonders deutlich, weil die große Mehrheit der ehrenamtlich Engagierten in den großen Wohlfahrtsverbänden und in den Kirchen Frauen sind. Der Frauenanteil beträgt zum Teil über 80%; er ist auch bei den hauptamtlich Beschäftigten kaum geringer. Leider ist die Datenlage generell für den Wohlfahrtsbereich noch sehr ungesichert, das Institut Frau und Gesellschaft hat mit seinen Untersuchungen bei den Wohlfahrtsverbänden und Kirchengemeinden in Hannover Pionierarbeiten hinsichtlich der Strukturen der Frauenbeteiligung geleistet.

Wollen oder können Frauen sich in öffentlichen Führungspositionen nicht stärker durchsetzen?

1. Bei der Frage nach den Gründen für die allgemein so geringe öffentliche Repräsentanz von Frauen, die nicht nur im Widerspruch zu ihrer Mehrheit in der Bevölkerung steht, sondern auch den Mehrheitsverhältnissen oder zumindest den großen Frauenanteilen der aktiv Mitarbeitenden an der Basis der politischen Parteien, Gewerkschaften und erst recht der sozialen Verbände überhaupt nicht gerecht wird, stoßen wir auf sehr verschiedenartige Erklärungsversuche, die alle sicher nicht von der Hand zu weisen sind. Wir müssen unterscheiden zwischen im weitesten Sinne materiellen Bedingungen und Faktoren psychologischer Art, Einstellungen und Bewußtseinsaspekten. Wer von uns als Frau in einer politischen Partei tätig ist und eigene Ansprüche zur Mitgestaltung oder gar zur persönlichen Karriere anmeldet, macht sehr bald Erfahrungen mit frauenspezifischen Hindernissen. Die Ortsvereine der Parteien und ihre Vorstände nehmen bei ihren Veranstaltungen, bei Beschlüssen, bei der Aufstellung von Delegierten und bei Fortbildungsmaßnahmen keine Rücksicht auf die besonderen häuslichen und auch zusätzlich beruflichen Belastungen von Frauen. Es wird viel zu wenig darüber nachgedacht und noch weniger dagegen unternommen, daß

Frauen schon an der Partei- und Gewerkschaftsbasis schlechtere Mitwirkungsmöglichkeiten als Männer haben und daß sie die objektiven Voraussetzungen für einen Parteiaufstieg häufig nicht erfüllen können. Neben der Zeitfrage spielen die oft nicht vorhandenen Mittel, z. B. zur Finanzierung des persönlichen Wahlkampfes, eine ebenfalls häufig unterschätzte Rolle. Frauen, die in den Parteien etwas werden wollen, merken spätestens bei der Nominierung von Kandidaten für die Parlamentswahlen, daß sie ohne öffentliche Ämter keine Verbündeten innerhalb und außerhalb der Parteien mit Ausnahme der kleinen Zahl organisierter Frauengruppen haben. Sollten sie die Nominierungshürde trotzdem überwinden, wird ihnen die fehlende Unterstützung durch ihre eigene Partei, durch die Tarifpartner und berufsständische sowie einflußreiche andere gesellschaftliche Organisationen schmerzlich bewußt. Das sind die regelmäßigen Erfahrungen von Frauen, die unter durchschnittlichen persönlichen Lebensverhältnissen schon in jungen Jahren und nicht erst als Großmutter mit dem festen Vorsatz einer aktiven Rolle in eine Partei eintreten. Nach Jahr und Tag haben sie zwar für sich persönlich wenig erreicht, immerhin können sie dann aber als Zeitzeuginnen berichten über die politischen Erfolgslaufbahnen ihrer gleichaltrigen und am gleichen Tage eingetretenen, inzwischen weit entrückten Parteifreunde in den Vorständen und Spitzengremien.

Politische Karrierefrauen haben wir natürlich auch; ich selbst gehöre dazu. Ihre Laufbahnen verliefen aber weitgehend untypisch, sie widerlegen in keiner Weise die Feststellung der frauenspezifischen Benachteiligung in den Parteien und natürlich auch in den bereits genannten anderen gesellschaftlichen Organisationen.

2. Ich habe jetzt hauptsächlich Hindernisse materieller Art genannt, wobei viele von diesen ihre sozialpsychologischen Hintergründe haben. In der Diskussion zu dem Thema „Frauen und öffentliche Aufgaben" wird die Bedeutung des Rollenverhaltens und von Bewußtseinshaltungen

besonders unterstrichen. Männliche Vorurteile gegen öffentlich aktive Frauen nehmen trotz gegenteiliger programmatischer Erklärungen von Parteitagen und Parteispitzen konkrete Gestalt an, sobald sich der einzelne hoffnungsvolle Kandidat durch weibliche Konkurrenz in seinen Aussichten behindert sieht. Parteifrauen haben in den letzten Monaten öffentlich sehr deutlich die dürftige männliche Solidarität bei der Berücksichtigung von Bewerberinnen für eine Kandidatur zum 11. Deutschen Bundestag angeprangert.

Männliche Vorurteile behindern die Chancen von Frauen, über die Politik hinaus, eher noch stärker bei der Besetzung von Führungspositionen in der freien Wirtschaft. Die Benachteiligung erfolgt hinter verschlossenen Türen, die Öffentlichkeit hat keinen Einblick in den Ablauf der Entscheidungsprozesse, und das öffentliche Interesse ist außerdem gegenüber diesen Bereichen noch nicht stark genug. Wer regt sich schon darüber auf, daß Frauen auf Chefsesseln in Banken, in Industrie- und Handelsunternehmen oder in den Medien, aber auch in den Sachverständigen-Gremien noch viel seltener als in der Politik anzutreffen sind. An den Hochschulen resignieren junge Wissenschaftlerinnen überproportional häufig wegen des männerbezogenen Anforderungsprofils einer wissenschaftlichen Karriere. Es gibt viele Hinweise darauf, daß arrivierte Hochschullehrer in Fakultäten und Berufskommissionen nicht geringere, vielleicht jedoch subtilere frauenfeindliche Haltungen vertreten als Männer in den bereits genannten anderen gesellschaftlichen Führungspositionen.

3. Von den Vorurteilen der Männer nun zu der Bewußtseinslage der Frauen. Obwohl die weibliche Wahlbeteiligung heute fast genauso hoch ist wie die männliche und Frauen sich bei ihren Wahlentscheidungen nicht weniger autonom verhalten als Männer, gibt es nicht nur männliche Stimmen, die den Frauen im Vergleich zu Männern ein deutlich geringeres Interesse an politischen Problemen zusprechen. Sie stützen sich auch auf entsprechende Umfrage-

ergebnisse der Zeitschrift „Brigitte" und des Allensbacher Instituts, wonach die positive Interessenquote bei Männern doppelt so hoch war wie bei Frauen. Frau Noelle-Neumann wies nach, daß Frauen auch über ein weit geringeres politisches Wissen verfügen. Die EG-Kommission veröffentlichte 1984 Umfrageergebnisse zum Politikverständnis. Neben den deutschen Männern erwiesen sich danach auch die deutschen Frauen im internationalen Vergleich als besonders konservativ. Während z. B. in Großbritannien nur noch rund 30% Männer und rund 20% Frauen Politik für eine Männer-Sache hielten, taten das in der Bundesrepublik Deutschland immerhin noch 45% Männer und rund 40% Frauen. Diese Zahlen will ich keinesfalls überbewerten, sie machen jedoch deutlich, daß auch Vorurteile von Frauen – unabhängig von den soziologischen Ursachen – nicht zu unterschätzen sind. Solche Umfrageergebnisse sind natürlich bestimmten Männerkreisen besonders willkommen. Frauen, die gerade im Bildungsbereich im letzten Jahrzehnt sich in ihrer Gesamtheit mit eindrucksvollen Zahlen über Qualifikationen und Bildungsabschlüssen ausgewiesen haben, können natürlich auch nicht den Vorwurf auf sich sitzen lassen, sie seien an Politik nicht interessiert und noch nicht einmal informiert. Nun wurde schon vor einiger Zeit der neue Begriff der „weiblichen Sichtweise von Politik und Macht" in die Argumentation eingeführt. Dazu hat Professorin Carol Hagemann-White, eine von mir sehr geschätzte Kollegin von der Freien Universität Berlin, im September 1985 auf dem 14. Bundesdelegiertentag der CDU-Frauenvereinigung einen hochinteressanten Vortrag zu dem Thema „Wandel der politischen Kultur durch Gleichstellung von Frau und Mann" gehalten. Auf jeden Fall ist die Annahme, daß viele gerade besonders engagierte Frauen sich der traditionellen Politik verweigern und statt dessen in alternativen Formen und Bereichen, in überschaubaren Netzwerken tätig sind, ein wesentlicher Diskussionspunkt. Zu fragen ist dabei, ob die Distanz von Frauen und überhaupt der jungen Generation insgesamt gegenüber traditioneller Politik insofern riskant sein kann, weil dadurch unverändert fortbestehende Machtzentren noch stärker durch bestimmte männliche Minderheiten beherrscht werden. Sie haben keine Schwierigkeiten, ein Machtvakuum auszufüllen und ihre Positionen auszubauen.

4. Es sind sicher nicht nur andere Sichtweisen von Frauen, die sie davon abhalten, eine politische Karriere mit unvermeidbaren offenen Konflikten und mit dem notwendigen Einsatz eigener Ellenbogen einzugehen, sondern auch die fehlenden weiblichen Vorbilder, der Mangel an persönlicher Ermutigung und Unterstützung und gezielten Frauenförderungsprogrammen. Die in unserer Gesellschaft noch sehr unterentwickelte Bereitschaft und Fähigkeit, über die Benachteiligung der Frau im öffentlichen Leben nicht nur zu reden, sondern ihren Aufstieg trotz der daraus für Männer erwachsenden Konkurrenz durch praktische Maßnahmen gezielt zu fördern, ist für die politische Szene, für die Wirtschaft, den sozialen Bereich und die Hochschulen in gleicher Weise bezeichnend.

Welche Maßnahmen sind notwendig zur Förderung einer stärkeren Frauenrepräsentanz in öffentlichen Führungspositionen?

Im politischen Raum besteht zumindest in der Forderung weitgehend öffentliche Übereinstimmung über Parteigrenzen hinweg, daß der Frauenanteil bei der Aufstellung der Kandidatenlisten und bei der Nominierung von Direktkandidaturen für die künftigen Parlamentswahlen von der Gemeindeebene bis zum Europäischen Parlament erheblich zu erhöhen ist. Die CDU-Frauenvereinigung erklärte auf ihrem 14. Bundesdelegiertentag im September 1985 unter Hinweis auf die wegweisenden Beschlüsse des Essener Bundesparteitages der CDU von 1985 über die Leitsätze für eine neue Partnerschaft zwischen Mann und Frau, daß Frauen als Kandidatinnen für Parlamentswahlen in Zukunft in dem jeweiligen Parteiverband mit einem Anteil aussichtsreich berücksichtigt werden müssen, wie er in etwa dem Frauenanteil an der Gesamtmitgliedschaft in der CDU, das sind rund 24%, entspricht.

Fernziel sollte eine Steigerung der weiblichen Repräsentanz in Parteifunktionen bis knapp über 50%, entsprechend dem weiblichen Bevölkerungsanteil, sein – und zwar noch in diesem Jahrhundert. Die SPD-Frauen sind ihrem Ziel der verbindlichen 40%-Quote als Mindestanteil für beide Geschlechter bei der Besetzung aller parteilichen Funktionen und Mandate und in der damit verbundenen Sanktionsfrage auf dem Nürnberger Bundesparteitag jüngst zumindest einen erheblichen Schritt näher gekommen. Die GRÜNEN beziehen sich auf ihre Satzungsregelungen, wonach auf allen Kandidatenlisten 50% Frauen sein müßten.

Die bisher vorliegenden Parteibeschlüsse zugunsten der Frauen sind zweifellos ein ganz großer Fortschritt wie überhaupt der noch nie so stark wie heute gewesene öffentliche Druck auf eine Erhöhung der weiblichen Repräsentanz im Deutschen Bundestag. Das verdanken wir an erster Stelle den Fraueninitiativen, denen sich dann wohl auch kluge Männer angeschlossen haben. Inzwischen sind wir natürlich auch alle um Erfahrungen aus den Vorbereitungen des Wahlkampfes für den 11. Deutschen Bundestag, aus den abschwächenden Beschlüssen anderer Parteigremien und aus der Praxis bei der Kandidaten-Aufstellung durch die einzelnen Delegiertenversammlungen reicher. Um es vorsichtig zu formulieren: Anzeichen sprechen dafür, daß der Frauenanteil im nächsten Deutschen Bundestag evtl. nur von 10% auf ca. 14% ansteigen wird und daß dieser kleine Erfolg dann hauptsächlich der Verdienst der SPD sein wird. Selbst diese in Aussicht gestellte Steigerung des Frauenanteils in der kommenden SPD-Bundestagsfraktion um über 68% von 22 auf mindestens 37 Frauen würde das auch von dieser Partei gesetzte Ziel, die Vertretung durch Frauen im Verhältnis ihres Anteils an den Parteimitgliedern sicherzustellen, ihnen also etwa ¼ bis ⅓ aller Mandate zu sichern, nicht auf einen Sprung erreichen. Daß es sich dennoch um einen schönen und neidlos anzuerkennenden Erfolg bei Eintreffen der Prognose handeln würde, steht auch für mich außer Frage.

Wir werden zwar feststellen müssen, daß die öffentliche Bewegung mit dem Ziel „Mehr Frauen in den Bundestag" noch nicht zu befriedigenden Ergebnissen geführt hat. Die Konsequenz darf dann nicht Resignation, sondern nur eine Verstärkung der Anstrengung für die nachfolgenden verschiedenen Parlamentswahlen sein. Der Kampf gegen die Benachteiligung der Frau war in den vergangenen Jahren auch in anderen gesellschaftlichen Bereichen mit vielen Rückschlägen verbunden und wurde gleichwohl mit neuen Initiativen weitergetragen. Vermutlich ist in diesem Zusammenhang auch die Diskussion über die wirksamste Art der parteilichen Selbstverpflichtung zur Steigerung der weiblichen Repräsentanz noch nicht am Ende. In der CDU halten wir von flexiblen Zielvorgaben mehr als von starren Quotenregelungen für das Wahl- und Nominierungsverfahren, auch wenn die Quotierung gegenüber der Zielvorgabe als die verbindlichere Regelung – nämlich die Festschreibung einer bestimmten Geschlechterquote im Organisationsstatut der Partei mit entsprechenden Veränderungen ihrer Wahlordnung – für Frauen als die attraktivere Alternative erscheinen könnte. Vorbild sind die Quotierungsbeschlüsse der norwegischen Arbeiterpartei von 1983, wonach bei der Besetzung von Gremien und Mandats-Listen jedes Geschlecht mit mindestens 40% vertreten sein muß. Dank dieser parteilichen Kraftanstrengungen, deren Zielsetzung sich dann zumindest auch die anderen norwegischen Parteien nicht verschließen konnten, sind seit den jüngsten Wahlen im Storting 43% (1989: unverändert) der sozialdemokratischen Abgeordneten weiblich. In der CDU beurteilen wir unter Berücksichtigung der geltenden Wahlverfahren und Wahlordnungen Quoten-Frauen deshalb skeptisch, weil bei ihnen die Gefahr besteht, daß sie von der männlichen, aber auch weiblichen Konkurrenz, die sich auf die Durchsetzung ihrer eigenen Leistung beruft, nicht ernst genommen werden. Sie wären zwar mitgewählt, hätten aber keinen ausreichenden Zugang zu den anerkannten, einflußreichen Positionen. Auch in der SPD hat sich wohl die Mehrheit der Landesverbände bisher – im Vorfeld des Nürnberger Bundesparteitages – nicht zu einem Quotierungssystem entschließen können.

Nicht weniger interessant als die Diskussion über Zielvorgaben und Quotierungen ist das Thema einer Änderung des Wahlverfahrens für die Bundestagswahlen unter Orientierung an dem System der sogenannten freien Listen mit der Möglichkeit zum Kumulieren und Panaschieren nach dem Vorbild der Wahlordnungen für die Kommunalwahlen in einigen Bundesländern und für die Landtagswahlen in Bayern. Die CDU-Frauenvereinigung hat die Einsetzung einer Wahlrechtskommission veranlaßt, die bis Ende 1987 einen Bericht mit den Prüfungsergebnissen wegen einer denkbaren Änderung des Wahlverfahrens für den Bundestag vorlegen soll. Die beiden Bundestags-Enquete-Kommissionen „Verfassungsreform" und „Frau und Gesellschaft" sprachen sich sogar bereits ausdrücklich für ein abgeändertes Wahlverfahren aus. Das sind gewichtige Forderungen. Nicht zu übersehen ist jedoch auch, daß es neben sehr erheblichen Einwänden von Fachleuten zur Praktikabilität von begrenzt-offenen Listen für eine noch größere Region als ein Bundesland auch deutliche Warnungen von Sachverständigen der Wahlforschung gibt, daß eine Änderung des geltenden Wahlsystems sich durchaus zuungunsten von Frauen auswirken könnte. Diese Sachverständigen verweisen darauf, daß z.B. der Bayerische Landtag mit rund 7% (1989: 13,7%) die zweitniedrigste Frauenquote von allen Bundesländern hat und daß in europäischen Nachbarländern mit einem ähnlichen Wahlsystem wie in Bayern der Frauenanteil ebenfalls niedriger als im Deutschen Bundestag ist. Diese Experten empfehlen, anstelle von Korrekturen am bestehenden Wahlrecht dessen Erfolgsmöglichkeiten für Frauen besser zu nutzen, womit sie offensichtlich eine

Verstärkung des gegenwärtigen frauenfreundlichen Trends durch entsprechenden Druck auf die Selbstverpflichtung der Parteien meinen. Eins scheint mir allerdings bei diesem Thema deutlich zu werden: die frauenspezifische Fragestellung ist in der Wahlforschung bisher nur sehr ungenügend beachtet worden. Ob unter bestimmten Voraussetzungen doch ein Zusammenhang zwischen Wahlsystem und parlamentarischer Frauenquote erkennbar ist, bleibt mangels wissenschaftlicher Aussagen noch ungeklärt. Dieses Defizit muß somit auch durch eine Forschungsförderung aus öffentlichen Mitteln bald beseitigt werden.

Ein weiterer Vorschlag engagierter Frauen geht dahin, auf Parteien mit niedrigen Frauenanteilen auf den aussichtsreichen Plätzen ihrer Wahlkampflisten mit Sanktionen – durch eine geringere Erstattung von Wahlkampfkosten – einzuwirken. Eine solche Regelung ist jedoch verfassungsrechtlich kaum haltbar und ebenfalls nicht praktikabel.

Für absolut notwendig halte ich dagegen Frauenförderungsprogramme der politischen Parteien selbst, die von familienfreundlichen Parteiveranstaltungen über die besondere Schulung von Nachwuchs-Politikerinnen bis zur finanziellen Unterstützung von Kandidatinnen mit schlechteren Startchancen für ihren persönlichen Wahlkampf reichen. Hier haben die politischen Parteien eindeutig einen Nachholbedarf, sehr viel stärker als große Arbeitgeber, bei denen es schon zahlreiche Beispiele für Frauenförderungsprogramme gibt, und auch als einige Gewerkschaften, wenn wir an die positiven Initiativen der IG-Metall und der IG-Textil-Bekleidung denken. Dankbar kann ich auf erste Ansätze bei einigen Universitäten hinweisen, die Richtlinien zur Erhöhung des Anteils von Frauen am wissenschaftlichen Personal der Universität beschlossen haben. Deshalb dürfte neben den politischen Parteien auch der Wohlfahrtsbereich, konkret die großen Wohlfahrtsverbände und ebenso die Kirchen, wegen einer notwendigen, gezielten Frauenförderung nicht mehr in einer Weise zurückstehen, als ob das Problem dort überhaupt nicht existierte.

Schließlich möchte ich aber auch von dieser Stelle aus an Frauen der verschiedenen Generationen appellieren, ihre Einflußmöglichkeiten auf die politische Willensbildung und die Entscheidung bedeutender gesellschaftlicher Gremien durch einen verstärkten Eintritt in die politischen Parteien und die anderen vielfältigen Organisationen des öffentlichen Lebens auszubauen. Die Steigerung der weiblichen Mitgliederzahlen führt, von aktiven Frauen geschickt genutzt, regelmäßig zu einem höheren Anteil weiblicher Delegierter und zu einer Durchsetzung weiblicher Forderungen in den Beschlüssen. Jede Frau, die eine öffentliche Aufgabe bereits übernommen hat, oder in ihrem Beruf zu einer führenden Stellung aufgestiegen ist, muß sich ihrer Vorbildfunktion für andere nachrückende Frauen bewußt sein. Dazu ist das öffentliche Auftreten vor anderen Frauen nötig, als persönliches Beispiel mit dem Bekenntnis: „Unser Weg ist schwierig, aber seht her, wir haben Erfolg."

Was erwarten wir von einer gleichberechtigten Mitgestaltung des öffentlichen Lebens durch Frauen?

Der Anspruch auf Gleichberechtigung für Frauen im öffentlichen Leben und besonders auch in Führungspositionen ist wegen des verfassungsrechtlichen Auftrages zur Durchsetzung der Gleichberechtigung von Frauen und Männern auf allen Ebenen unseres gesellschaftlichen Zusammenlebens so selbstverständlich, daß sich die Frage einer nochmaligen Legitimierung für den öffentlichen Bereich, wo die Benachteiligung der Frau in noch so drastischer Weise besteht, gar nicht erst stellen kann. Wenn Männer in den politischen Parteien und in anderen öffentlichen Funktionen die stärkere weibliche Konkurrenz zu fürchten beginnen, so ist das zwar noch eine verständliche Reaktion, in keiner Weise akzeptabel sind jedoch bei Männern mit Verantwortung, zu denen sich letzten Endes alle engagierten männlichen Parteimitglieder zählen müssen, unqualifizierte und persönlich beleidigende Reaktionsweisen gegenüber Frauen. Wir als Frauen sind es uns selbst schuldig, daß wir unsere Rechte voll wahrnehmen und damit unseren Anteil an der öffentlichen Macht übernehmen. Ich halte es auch für müßig, bei diesem energischen Vorgehen weibliche und männliche Sichtweisen von Macht einander gegenüberzustellen.

Die erste Phase ist die Verwirklichung der Gleichberechtigung durch eine ausreichende Besetzung öffentlicher Macht durch Frauen überhaupt. In der zweiten Phase müssen wir dann allerdings fragen, wo wir unsere Verantwortung als Frauen-Mehrheiten sehen. Die Antwort „Verbesserung unserer Lebensqualität" reicht sicher nicht aus. Dieses Ziel nehmen auch die Männer in unseren Machtzentren, unsere Noch-nicht-Kollegen, für sich in Anspruch, vielleicht nicht immer mit einer gleichen Interpretation wie wir. Wir haben den Männern nicht die höheren Werte voraus, wohl aber vielleicht die Fähigkeit, stärkere Akzente auf einige besondere Werte wie Schutz des Lebens und Bewahrung einer naturbezogenen Umwelt zu setzen. Für solche Ziele brauchen wir unsere eigene Stärke und dafür sind wir auch zu einer partnerschaftlichen Zusammenarbeit mit Männern bereit. Eine Partnerschaft mit unterdrückenden Männern ist dagegen ein Widerspruch in sich, und deshalb kann sich für Frauen bei ihrem Kampf um öffentliche Gleichberechtigung eine andere Haltung durchaus als nützlich erweisen.

Zukunft der Frauenarbeit in einer Zeit der Arbeitslosigkeit

Eines der wichtigen Themen des jüngsten EG-Frauenministerrats in Berlin war die Arbeitslosigkeit der Frauen. Sieben Millionen Frauen in den Mitgliedstaaten der Europäischen Gemeinschaft suchen Arbeit, genauer – Erwerbsarbeit. Das ist die eine, uns alle bedrängende Seite des Themas „Zukunft der Frauenarbeit".

Die andere Seite ist die zunehmende Erwerbsbeteiligung der Frauen. Die Zahl der erwerbstätigen Frauen war 1986 mit fast 10 Millionen (1988: 10,2 Mio.) in der Bundesrepublik so hoch wie noch nie. Auch die Zahl der sozialversicherungspflichtig beschäftigten Frauen steigt kontinuierlich an und hat mit 8,45 Millionen (30. 6. 1987) (31. 12. 1988: 8,75 Mio.) einen neuen Höchststand erreicht.

Leider nimmt aber auch die Zahl der geringfügig Beschäftigten – und das sind insbesondere Frauen – zu und liegt bei mindestens einer Million (nach einer Studie im Auftrag des Bundesministeriums für Arbeit und Soziales betrug sie 1988 1,37 Mio.). Zu Recht wird jedoch befürchtet, daß es bis zu 2 Mio. geringfügig beschäftigte Frauen gibt. Je mehr Frauen auf Erwerbsarbeit angewiesen sind, je besser Frauen für eine anspruchsvolle Berufstätigkeit qualifiziert sind, desto mehr erfahren sie auch die Schwierigkeiten und Widerstände, die sich einer Partnerschaft von Männern und Frauen in Familie und Beruf entgegenstellen. Die Frage nach der „Zukunft der Frauenarbeit" ist nicht nur die Frage nach Chancengleichheit in der Arbeitswelt. Es ist auch die Frage nach der Arbeitsteilung in der Familie und die Frage nach der umfangreichen, meist unbezahlten Arbeit von

Frauen im gesellschaftlichen Umfeld, die wir euphemistisch „ehrenamtliche Arbeit" nennen.

- Haben auch Frauen angesichts der hohen Arbeitslosigkeit ein Recht auf Arbeit?
- Wie kann Arbeit gerecht verteilt werden?
- Wie kann Chancengleichheit für Frauen im Beruf gewährleistet werden?
- Wie können Männer und Frauen Familie und Beruf besser miteinander vereinbaren?
- Wie können andere Formen der Frauenarbeit – Hausarbeit und ehrenamtliche Arbeit – entsprechend ihrer gesellschaftlichen Bedeutung aufgewertet werden?

Dies sind Herausforderungen an die Politik, an die Tarifpartner, aber auch an die Frauen selbst und ihre Verbände. Gemeinsam müssen wir hierauf Antworten und Handlungsmöglichkeiten suchen.

Wir haben es hier mit einer Zukunftsfrage von entscheidender Bedeutung zu tun. Wir stehen vor einem zentralen Problem unserer Gesellschaft am Ausgang dieses Jahrhunderts, von dessen Lösung entscheidend abhängen wird, wie wir künftig miteinander leben werden.

Bisher haben wir die Bewältigung dieses Konfliktes den einzelnen Menschen überlassen. Die Zerreißproben finden daher in den Familien, besonders aber in den Frauen selbst statt. Die Ursache liegt vor allem darin, daß die Veränderung der Männer allenfalls im Zeitlupentempo vorankommt. Der Rollenwandel der Frauen hat auf ihr Verhalten, auf ihre Bereitschaft, Aufgaben in der Familie zu übernehmen, erst sehr geringe Auswirkungen gehabt. So sind Konflikte unausweichlich – Konflikte zwischen den Partnern, aber auch Probleme der Frauen mit ihrer eigenen Identität. Sie sind hin- und hergerissen zwischen den verschiedenartigsten Erwartungen, die in der Familie an sie gestellt werden, und ihrem eigenen Wunsch nach Teilhabe am Erwerbsleben. Sie wollen sich nicht mehr der Alternative: Familie oder Erwerbsarbeit! stellen, sondern an beidem teilhaben, in beiden Bereichen Verantwortung zeigen. Zugleich aber erfahren sie in ihrem

Alltag, daß die Strukturen unserer Gesellschaft darauf überhaupt nicht vorbereitet sind. Dies beginnt schon mit der Suche nach einem Arbeitsplatz.

Wir müssen die Arbeitslosigkeit bekämpfen

Im Jahr 1987 ist die Zahl der arbeitslosen Frauen in der Bundesrepublik erstmals seit 1979 wieder gesunken. Der überproportional hohe Anteil der Frauen, insbesondere der jungen und auch der gut ausgebildeten jungen Frauen an den Arbeitslosen, stellt allerdings weiterhin eine Herausforderung an die Beschäftigungspolitik dar.

Zwar sind die Erfolge unserer Bemühungen nicht allein an den Arbeitslosenzahlen zu messen. Wichtiger ist, daß in den letzten drei Jahren 370000 Frauen (zwischen 1983–1988: 815000 Frauen) zusätzlich eine sozialversicherungspflichtige Beschäftigung fanden. Von der positiven Entwicklung im Dienstleistungssektor einschließlich der Zunahme der Teilzeitarbeitsplätze haben vor allem Frauen profitiert. Trotzdem müssen wir verstärkt versuchen, auch den arbeitslosen Frauen zusätzliche Beschäftigungsmöglichkeiten zu erschließen.

Die Bekämpfung der Arbeitslosigkeit verlangt nach allgemeinen und gezielten Maßnahmen. Wirtschafts- und Finanzpolitik müssen die Rahmenbedingungen schaffen für eine positive Beschäftigungsentwicklung. Auch die Sozialpartner sind gefordert, durch ihre Lohn- und Arbeitszeitpolitik zum Abbau der Arbeitslosigkeit beizutragen. Darüber hinaus kommt der Beschäftigungsförderung und ihren Instrumenten sowohl eine Entlastungs- als auch eine Impulsfunktion zu. So haben die arbeitsmarktpolitischen Maßnahmen der Bundesanstalt für Arbeit im Jahresdurchschnitt die Arbeitslosenzahl um 440000 entlastet und eine zusätzliche Beschäftigungswirkung von rd. einer halben Million Beschäftigten gehabt. An ihnen haben Frauen einen steigenden Anteil.

Unsere frauenpolitischen Bemühungen haben erfolgreich darauf eingewirkt, den Frauenanteil an den arbeitsmarktpolitischen Maßnahmen durch eine gesetzliche Verbesserung des Arbeitsförderungsgesetzes zu erhöhen. Dabei konnte im Rahmen der Qualifizierungsoffensive die Zahl der Frauen in Maßnahmen zur beruflichen Qualifizierung auf 217000 (1988: 204233) gesteigert und damit gegenüber 1984 fast verdoppelt werden. Auch die Zahl der in Arbeitsbeschaffungsmaßnahmen beschäftigten Frauen konnte auf 44000 (1988: 46600) im selben Zeitraum verdoppelt werden. Besondere Programme richteten sich an junge Frauen ohne Ausbildungsplatz und an arbeitslose Frauen ohne berufliche Qualifikation.

Als besonders wichtig erweist sich eine qualifizierte und den zukünftigen Anforderungen entsprechende Erstausbildung junger Frauen in einem breiten Berufsspektrum. Die Zahl der weiblichen Auszubildenden hat mit 1986: 746000 (Frauenanteil 41,3% aller Auszubildenden, 1987: 732000 (Frauenanteil 42,1%), einen Höchststand erreicht. Auch die Zahl der Mädchen, die in einem gewerblich-technischen Beruf ausgebildet werden, steigt langsam, aber kontinuierlich an. Die Bundesregierung unterstützt durch Projekte die Öffnung von solchen Ausbildungsplätzen für junge Frauen und deren Motivation für eine gewerblich-technische Ausbildung.

Sollen solche Maßnahmen langfristig Erfolg haben, muß die besondere Lebenslage von Frauen berücksichtigt werden. Deshalb liegt ein weiterer Schwerpunkt auf den Maßnahmen zur besseren Vereinbarkeit von Familie und Beruf sowie der Förderung der Wiedereingliederung von Frauen in das Erwerbsleben nach der Familienphase.

Familie und Beruf müssen für Männer und Frauen besser vereinbar sein

Der Soziologe Ulrich Beck kommt in seiner Studie „Die Risikogesellschaft" zu dem Ergebnis: „Die Gleichstellung von Männern und Frauen ist nicht in institutionellen Voraussetzungen zu schaffen, die die Ungleichstellung von Männern und Frauen voraussetzen" (S. 181). Er greift auf die Veröffentlichungen seiner Frau Elisabeth Gernsheim zurück, die jene Berufe als „Anderthalb-Personen-Berufe" kennzeichnet, die den voll verfügbaren Berufstätigen und zumindest eine weitere halbe Person – die Frau – erfordern, um so den Berufstätigen von allen privaten Erfordernissen, den Familienarbeiten, zu entlasten.

Frauen im Management und solche, die eine qualifizierte Berufstätigkeit anstreben, stehen häufig vor der schmerzlichen und unmenschlichen Alternative: „Karriere oder Kinder". Diesen Konflikt allein durch private Initiative zu lösen, überfordert Frauen und Familien, insbesondere dann, wenn die tarifliche Arbeitszeit mit der realen Arbeitsbelastung nicht übereinstimmt. Je qualifizierter Frauen ausgebildet sind, desto weniger sind sie bereit, auf den Beruf zu verzichten. Sie entscheiden sich dann oft gegen Kinder.

Die zentrale politische und unternehmerische Herausforderung am Ausgang dieses Jahrhunderts heißt deshalb, die Lebensbereiche Familie und Arbeit wieder miteinander zu verknüpfen. Dies bedeutet dreierlei:

- Frauen, die während der Familienphase nicht auf die Ausübung ihres Berufes verzichten wollen, müssen Möglichkeiten haben, ihre Berufstätigkeit mit ihren Familienaufgaben zu vereinbaren (z.B. Kinderbetreuung für Teilzeit- und Vollzeitarbeitende, steuerliche Entlastung der Familien durch Haushalts- und Betreuungshilfen).
- Frauen, die zeitweise auf ihre Berufstätigkeit verzichten, müssen Möglichkeiten erhalten, unkompliziert wieder in ihren alten oder in einen neuen Beruf zurückzukehren.

– Aber auch Männern müssen Wege zur Reduzierung ihrer Erwerbstätigkeit während der Zeit eröffnet werden, in der ihre Kinder klein sind.

Das Thema Vereinbarkeit von Familie und Beruf für Frauen und Männer ist keine kurzfristige Modeerscheinung. Dieses Thema wird uns mit steigender Dringlichkeit in den nächsten Jahrzehnten weiterbeschäftigen, auch aus demographischen Gründen. Die Frauenerwerbstätigkeit, die in unserem Land ohnehin viel niedriger ist als in vergleichbaren europäischen Ländern, steigt weiter an. Anders als bei früheren Phasen hoher Arbeitslosigkeit, sind die Frauen diesmal nicht „an den heimischen Herd" zurückgekehrt; sie drängen vielmehr trotz der schwierigen Arbeitsmarktlage verstärkt ins Erwerbsleben.

Der Erziehungsurlaub leistet einen wesentlichen Beitrag. Die hohe Inanspruchnahme beweist, wie sehr junge Mütter auf diese Entlastung angewiesen sind. Aber auch 9000 (bis 1989: 16000) Väter haben von diesem Angebot Gebrauch gemacht. Arbeitgeber und Unternehmen bieten darüber hinaus schon vereinzelt längere Beurlaubungsmöglichkeiten für junge Eltern (BASF, Bayer, AUDI) an und geben ein Beispiel für eine familienfreundliche Gestaltung der Arbeitswelt.

Unter familienfreundlicher Arbeitswelt ist aber vor allem eine Flexibilisierung der Arbeitszeit zu verstehen. Wir brauchen ein größeres Angebot an Teilzeitarbeitsplätzen für Männer und Frauen auch in qualifizierten Tätigkeiten. Der Umfang der Teilzeitbeschäftigung hat in den letzten Jahren kontinuierlich zugenommen und sich seit 1960 mehr als vervierfacht. Dennoch sind wir im Vergleich z. B. mit Schweden oder den USA auf diesem Gebiet noch ein Entwicklungsland. Von der Gesamtzunahme der Frauenbeschäftigung zwischen 1970 und 1984 geht 40 Prozent auf das Konto der Teilzeitarbeit. Gleichzeitig übersteigt die Nachfrage nach Teilzeitarbeitsplätzen das Angebot weiterhin erheblich. Fast ausschließlich Frauen (97%) suchen Teilzeitarbeitsplätze.

Die Bundesregierung hat beschlossen, durch eine Teilzeitoffensive die Zahl der Teilzeitarbeitsplätze – auch in Führungspositionen – in der Bundesverwaltung wesentlich zu erweitern. Obwohl derzeit schon 75 Prozent aller Teilzeitarbeitsplätze im mittelständischen Bereich angeboten werden, muß aber auch die Wirtschaft neue Anstrengungen unternehmen, flexiblere Arbeitszeiten anzubieten. Dabei sollte es nicht darum gehen, bestehende Vollzeitarbeitsplätze einfach zu teilen oder Arbeitsplätze unterhalb der Sozialversicherungspflichtgrenze anzubieten. Letzteres produziert nur eine neue Altersarmut. Vielmehr brauchen wir qualitativ gute und sozial abgesicherte Teilzeitarbeitsplätze für Frauen und Männer, die auch andere Arbeitszeiten als nur die Hälfte der Vollzeitarbeit beinhalten.

Daneben brauchen wir größere Anstrengungen, um Frauen die Wiedereingliederung in ihren Beruf zu ermöglichen. Etwa die Hälfte der erwerbstätigen Frauen unterbricht den Beruf wegen der Erziehung und Betreuung ihrer Kinder, wobei jedoch der Anteil der Frauen, die den Beruf auf Dauer aufgeben wollen, ständig abnimmt. Nach der Unterbrechung ist es oftmals schwer, einen Wiedereinstieg zu finden, der dem ursprünglichen beruflichen Niveau entspricht. Deshalb will die Bundesregierung Frauen, die nach einer kürzeren oder längeren Unterbrechung ihrer Erwerbstätigkeit zugunsten der Aufgaben in der Familie den Wunsch haben, wieder in ihren Beruf zurückzukehren, umfassend helfen. Nachdem zunächst die rechtlichen Voraussetzungen dafür – insbesondere durch die 7. Novelle zum Arbeitsförderungsgesetz und das Beschäftigungsförderungsgesetz – entscheidend verbessert worden sind, wollen wir jetzt ein Modellprogramm zur beruflichen Wiedereingliederung in enger Zusammenarbeit mit der Bundesanstalt für Arbeit und den Trägern der beruflichen Weiterbildung durchführen. Aber ich füge hinzu: Ohne die Bereitschaft der Unternehmen, Arbeitsplätze für diese Frauen anzubieten, geht es nicht. Auch genügt es nicht, Pauschalmaßnahmen zur Wiedereingliederung zu verlangen, sondern es müssen konkrete Einzelmaßnahmen angeboten werden. Zum Beispiel:

- Kontaktkurse im Betrieb während der Familienphase, Urlaubsvertretungen,
- eine Wiedereingliederungsberatung in den Arbeitsämtern,
- eine Öffnung der öffentlichen Bildungseinrichtungen für die Wiedereingliederungsbildung, so in Universitäten, Berufsschulen, Fachhochschulen und im Bereich des Fernstudiums,
- Beteiligung von Frauen während der Familienphase an der beruflichen Weiterbildung.

Dazu gehört auch, daß Kindergärten – auch Ganztagskindergärten – in ausreichender Zahl angeboten werden und vor allem, daß ihre Öffnungszeiten auf die Bedürfnisse der Eltern Rücksicht nehmen. Auch Betreuungsangebote für Schulkinder sind notwendig.

Hier öffnet sich ein weites Feld für die Arbeitsverwaltung, für öffentliche Bildungsträger, für die Träger von Schulen und Kinderbetreuungseinrichtungen, aber auch für das Engagement von Unternehmensverbänden und einzelner Unternehmen.

Frauenförderung ist ein unverzichtbares Instrument zum Abbau von Benachteiligungen und zur Verwirklichung von Chancengleichheit

Maßnahmen zur Vereinbarkeit von Familie und Beruf sowie zur Verbesserung der beruflichen Qualifizierung stehen in engem Zusammenhang mit gezielten Frauenförderungsmaßnahmen. Die Einsicht setzt sich immer mehr durch, daß wir solche Maßnahmen brauchen.

Professor Benda hat 1986 für den öffentlichen Dienst in einem vielbeachteten Gutachten die rechtliche Zulässigkeit leistungsbezogener Quoten oder Zielvorgaben unter bestimmten Voraussetzungen bejaht, wenn nämlich

- männliche und weibliche Bewerber über die gleiche Qualifikation verfügen,
- eine klare Zielvorgabe hinsichtlich des zu erreichenden Frauenanteils festgelegt wird und
- in begründeten Einzelfällen ausnahmsweise vom Grundsatz der Frauenförderung zugunsten der Einzelfallgerechtigkeit abgewichen werden kann.

Das Land Nordrhein-Westfalen hat beschlossen, solche leistungsbezogenen Zielvorhaben gesetzlich für den öffentlichen Dienst zu regeln. Die Länder Hamburg und Bremen bereiten ebenfalls Gesetze vor, die diesen Grundsätzen entsprechen.

Allein die Diskussion um solche Regelungen im öffentlichen Dienst hat erhebliche Ängste, Befürchtungen und Widerstände geweckt. Andererseits knüpfen sich an solche Forderungen hohe Erwartungen, deren Erfüllung keineswegs gesichert ist.

Aus der Sicht der Bundesregierung ist eindeutig, daß starre Quoten mit unserer Verfassung unvereinbar sind und daß niemand daran denkt, solche Regelungen für die private Wirtschaft vorzuschreiben. Für ihren eigenen Verantwortungsbereich hat die Bundesregierung mit der „Richtlinie zur beruflichen Förderung von Frauen in der Bundesverwaltung", die seit dem 1. Dezember 1986 in Kraft ist, eine offene Form der Frauenförderung gewählt, um alle Möglichkeiten zu nutzen und Erfahrungen zu sammeln. Sie wird diese auswerten und einen Bericht darüber vorlegen, in dem auch das von Prof. Benda vorgelegte Gutachten sorgfältig auf seine Bedeutung für die Richtlinie geprüft wird, d. h. vor allem im Hinblick auf die Frage der Einführung leistungsbezogener Zielvorgaben.

Die private Wirtschaft kann und soll aus dem Bemühen um Frauenförderung jedoch nicht aus der Verantwortung ausgeklammert werden. Die Unternehmen gestalten unsere soziale Umwelt in einem entscheidenden Maße mit. Ich habe des öfteren darauf hingewiesen, daß die „Quotenangst" oft mehr Ausdruck eines schlechten Gewissens als Einsicht in die Realität ist.

Eine 1987 vom Bundesministerium für Jugend, Familie, Frauen und Gesundheit durchgeführte Fachkonferenz hat die „Frauenförderung in Unternehmen der Bundesrepublik Deutschland" diskutiert. Dabei wurde deutlich, daß Frauenförderung eine immer stärkere Akzeptanz findet und auch auf freiwilliger Basis institutionell durch Betriebsvereinbarungen oder Unternehmensentscheidungen abgesichert wird, vor allem weil zukunftsorientierte Unternehmen sich für die neunziger Jahre qualifizierte Fach- und Führungskräfte sichern wollen. Im Rahmen einer Personalentwicklungsplanung ist ein Frauenförderplan keineswegs ein Fremdkörper. Ich verweise auf die Versuche bei Banken oder großen Firmen wie IBM oder MBB. Frauenbeauftragte, deren Aufgabe die Entwicklung, Umsetzung und Auswertung solcher Frauenförderpläne ist, haben selbst eine Managementfunktion, die als Teil des allgemeinen Personalmanagements in Zukunft an Gewicht innerhalb der Managementhierarchie gewinnt. Immer mehr Firmen kommen zu der Einsicht, daß sie in diesem Bereich – auch zu ihrem eigenen Nutzen – aktiv werden müssen und schließen entsprechende Vereinbarungen ab (Reemtsma, Oetker, Nestle).

Innerbetriebliche Frauenförderpläne betreffen jedoch nur einen Teil dessen, was an Veränderungen für Frauen unabdingbar ist. Häufig ist schon die Berufswahl der Mädchen der erste Schritt zur Benachteiligung. Deshalb muß sehr frühzeitig eine Berufsorientierung einsetzen, die den Mädchen Beschäftigungschancen auch in nicht traditionellen Berufen einräumt. Dabei muß sichergestellt werden, daß Frauen tatsächlich auf den Arbeitsmarkt der Zukunft hin orientiert werden. Wir wissen schon heute, daß der Dienstleistungssektor gegenüber den gewerblich-technischen Bereichen künftig an Bedeutung gewinnen wird. Es darf jedenfalls nicht dazu kommen, daß Frauen in die Berufe einrücken, die von den Männern in Scharen verlassen werden. Hier liegt eine der wichtigen Aufgaben der Frauenbeauftragten. Hilfreich können auch die an einzelnen Orten bereits eingerichteten Kontaktstellen für Frauen in gewerblich-technischen Berufen sein.

Frauenarbeit ist mehr als Erwerbsarbeit

Wir brauchen eine Aufwertung und Neubestimmung all der Tätigkeiten, die mit dem Begriff Familienarbeit und ehrenamtliche Arbeit nur unzulänglich beschrieben sind. Es gilt, die durch die unbezahlte Arbeit bestimmte Grundstruktur des gesellschaftlichen Sozialgefüges neu zu bestimmen und zu gewichten.

Darin eingeschlossen sind all die selbstverständlichen, täglich wiederkehrenden und zugleich unentbehrlichen Versorgungsleistungen familiärer Art. Der Einsatz der technischen Geräte hat die Art der unterschiedlichen Arbeitsleistungen verändert, aber ihren Umfang und ihre Vielzahl nicht reduzieren können. So gilt es nach wie vor, die Mahlzeiten zuzubereiten, den Einkauf zu tätigen, die Wäsche zu waschen, die Wohnung sauber zu halten und vieles andere mehr.

Darin eingeschlossen sind alle Formen der emotionalen Ansprache der Kinder, des Partners, vielfach auch der Eltern und weiterer Angehöriger. Frauen sind als Mutter und Partnerin, als Tochter oder Schwägerin immer in besonderer Weise in den psychischen Prozeß der Auseinandersetzung und Verarbeitung innerer und äußerer Realitäten und Wirklichkeiten anderer eingebunden. In diesem Sinne werden sie für die Schulprobleme der Kinder ebenso in Anspruch genommen wie für die beruflichen Sorgen des Ehepartners. Sie fühlen sich für die psychische Situation des älteren, noch lebenden Elternteils ebenso verantwortlich wie für die guten Beziehungen in der Nachbarschaft oder im Elternrat des Kindergartens. In ihren Möglichkeiten des Eingehens und des Sich-Einlassens auf andere laufen sie immer Gefahr, einem Überdruck an emotionaler Erwartung ausgesetzt zu sein.

Zur Nicht-Erwerbsarbeit gehören auch all die ehrenamtlichen Dienste und Einsätze in den Kirchen, Wohlfahrtsverbänden, den karitativen Organisationen und den sozialen Gruppierungen. Das Paradoxon besteht darin, daß gerade in einer Gesellschaft, die von ökonomischen und psychischen Krisen geprägt ist und von Arbeitslosigkeit und Entfremdung in der beruflichen und privaten Sphäre sowie vom Verlust von familialen und nachbarschaftlichen Beziehungen bestimmt wird, öffentliche und soziale Arbeit zum größten Teil ehrenamtlich übernommen wird. Die volkswirtschaftliche Gesamtleistung aller ehrenamtlichen Dienste, die nicht allein, aber zum größten Teil von Frauen erbracht wird, muß schon heute mit vier bis fünf Milliarden DM jährlich veranschlagt werden. Unter dem Diktat der leeren Kassen steigt die Versuchung, auch bestehende psychosoziale Erwerbsarbeit zu entprofessionalisieren und damit den Umfang ehrenamtlicher Arbeit ohne Zustimmung und natürlich auch ohne Bezahlung derer, die sie leisten, sukzessive auszuweiten.

Eine Neubestimmung der Arbeit muß daher über den Bereich der traditionellen Erwerbsarbeit hinausgehen und im Rahmen des Bruttosozialprodukts auch jene Formen von Arbeit erfassen, die individuell geleistet, aber öffentlich vorausgesetzt werden.

Nicht alles, was im Rahmen von Familie an Versorgungsleistung, an emotionaler Zuwendung und Ansprache von Eltern, von Müttern und Vätern, eingebracht wird, kann in Geld und öffentlicher Bezahlung aufgewogen werden. In einer derartigen Rechnung würden die Grundlagen menschlichen Miteinanders vermarktet. Darum kann es nicht gehen. Aber es gilt, dafür Sorge zu tragen und dafür einzustehen, daß die bisher gültige, aber zunehmend brüchiger werdende Kategorisierung von Arbeit nicht dazu führt, daß die ungleiche Verteilung von Chancen und Benachteiligungen in der Erwerbsarbeit unter den sich verändernden Bedingungen des Marktes zu einer zusätzlichen Variante und damit zu einer neuen Dimension geschlechtsspezifischer Diskriminierung führt.

Auch wenn es heute noch an klaren ordnungspolitischen Konstruktionen und praktikablen Modellen fehlt, sollten wir nicht der Versuchung erliegen, die mit einer Neubewertung von Arbeit verbundenen schwierigen Fragen angesichts eines geschäftigen Alltags auf die lange Bank zu schieben.

So gilt es in diesem Zusammenhang, die arbeits- und versicherungsrechtlichen Gestaltungsmöglichkeiten der verschiedenen Elemente und Kombinationen von Erwerbsarbeit, Familienarbeit und sozialer Arbeit auszuloten. Die Möglichkeiten der Fortbildung, die im Rahmen freiwilliger, unbezahlter sozialer Arbeit vielfach erst die Voraussetzungen für eine auch im politischen Sinne verstandene wirkliche Teilhabe schaffen, sollten ausgebaut und verschiedene Formen einer Berücksichtigung in der Rentenversicherung oder im steuerlichen Bereich entwickelt werden. Diese Auflistung ist unvollständig und bedarf der Ergänzung, aber sie gibt die Richtung an, in die gedacht werden sollte, wenn wir uns aufmachen, männlich und weiblich geprägte Formen gesellschaftlicher Arbeit zusammenzuführen.

Lassen Sie mich schließen mit einem Zitat von Dorothee Sölle: „Vision hat mit Freiheit zu tun, ist Vorstellung von größerer Freiheit als der jetzt gegebenen. Visionen sind Bilder von einem Land, in dem es leichter wäre, gut zu sein!"

Gerade auf dem Hintergrund unserer täglichen Erfahrung dieser Polarität von Familie und Beruf brauchen wir das Engagement der Frauen und Männer, die ihre Bilder und Vorstellungen „von einem Land, in dem es leichter wäre, gut zu sein", trotz aller Rückschläge noch nicht aufgegeben haben.

Schwierigkeiten auf der Karriereleiter – Frauen in Führungspositionen

Warum eigentlich bilden Frauen in den Führungspositionen der meisten Berufsbereiche immer noch eine verschwindende Minderheit? Sind sie weniger bereit, sich dem anzupassen, was in diesen Positionen gefordert wird? Möchten sie ihre Berufswelt eigenständig prägen, ohne daß dies in den bisherigen Positionen und herkömmlichen Strukturen möglich wäre? Immer wieder wird auch die Frage gestellt: Sind Frauen den Anforderungen in Führungspositionen überhaupt in gleicher Weise gewachsen wie die Männer? Gerne wird in diesem Zusammenhang ins Feld geführt, daß Frauen an Führungspositionen häufig gar kein Interesse hätten, weil sie sich für die vielen anderen schönen Dinge des Lebens interessierten. Wenn dies zutrifft, ist es offenbar an der Zeit, solche Benachteiligungen der Männer abzubauen, die zweifellos ebenfalls gerne für die schönen Dinge des Lebens mehr Zeit haben möchten. Umgekehrt ist festzustellen, daß Frauen ebenso effizient und konsequent arbeiten können wie Männer. Wenn Frauen Führungspositionen anstreben, muß ihnen allerdings bewußt sein, daß dies mit sehr harter Arbeit verbunden ist und immer auch den Konflikt beinhaltet, ob sie dem, was von ihnen erwartet wird, auch gerecht werden können. Deshalb hat die Übernahme einer Führungsposition für Frauen auch einen besonderen Verpflichtungscharakter. Da sie auch als Hoffnungsträgerin für andere fungieren, können sie weniger leicht als Männer auf halbem Wege umkehren und sich angenehmeren und schöneren Tätigkeiten zuwenden.

Dies gilt z. B. auch für das Engagement für die Demokratie, das ebenfalls ungemein mühevoll und mit vielen Entsagungen und Mißerfolgserlebnissen verbunden ist. Dennoch gibt es keinen anderen Weg, um zum Erhalt der Demokratie beizutragen. Andererseits wird die Demokratie ihren eigenen Ansprüchen nur dann in vollem Umfange gerecht, wenn die Frauen an ihr in gleicher Weise beteiligt sind und gleichermaßen in verantwortlichen Ämtern stehen wie die Männer. Durch die Gleichberechtigung von Mann und Frau weist sich Demokratie erst als solche aus.

Hohe Qualifikation – niedrige Beteiligung an Führungspositionen

Zweifellos sind in der Frage der Gleichberechtigung in den vergangenen Jahrzehnten viele Fortschritte erzielt worden. Was eigentlich steht den Frauen heute am stärksten im Wege? Zweifellos sind dies nicht Defizite in der Bildung und qualifizierten Ausbildung. Vielmehr gibt es heute weit mehr qualifizierte Akademikerinnen, aber auch nichtakademisch hochqualifiziert ausgebildete Frauen, als in mittleren Positionen oder gar Führungspositionen untergebracht werden können. Ein Bereich, in dem die Frauen besonders unterrepräsentiert sind, sind die Ingenieurwissenschaften. Hier ist fast schon zu fragen, ob man Frauen heute wirklich noch empfehlen kann, diesen Studiengang zu wählen, weil sie besonders große Schwierigkeiten haben, nach dem erfolgreichen Abschluß eines Studiums eine Anstellung zu finden. Hier wie in manch anderem Bereich liegt ein erhebliches Mißverhältnis zwischen der Ausbildung von Frauen und ihrer Akzeptanz in bestimmten Berufen vor. Es muß darum gehen, Wege zu bahnen, um für diejenigen, die qualifiziert ausgebildet sind, Zugänge zu adäquater Beschäftigung durchzusetzen. Dies ist nicht nur ein Problem für Volkswirtinnen. Auch in besonders interessanten Bereichen des Bankwesens wie z. B. im Kreditwesen oder an der

Börse haben es junge Frauen nach der Lehre weitaus schwerer als gleichwertig ausgebildete junge Männer. Dies verdeutlicht, daß es keineswegs die Frage der Ausbildung ist, die primär für die Probleme vieler Frauen sorgt, Zugang zu Führungspositionen in der Wirtschaft zu finden.

Die Vereinbarkeit von Familie und Beruf – ein besonderes Problem dieser Gruppe

Ein zentrales Problem ist dagegen die Tatsache, daß es bei Männern und Frauen aufgrund des immer noch unveränderten Rollenverständnisses keine den Männern vergleichbare Berufs- bzw. Karriereplanung für Frauen gibt. Wenn es eine solche Planung für Frauen gibt, dann gilt durchweg, daß Frauen von vornherein mit dem Problem zu rechnen haben, wie Berufstätigkeit und Familientätigkeit vereinbart werden können. Es ist gesellschaftlich bei uns viel zuwenig bewußt, in welch desolate Situation diese Problemstellung Frauen und Männer in bezug auf ihre private Lebensplanung geführt hat. Es gibt heute unter Frauen die eindeutige Tendenz, zugunsten einer stetigen Berufsplanung und -ausübung entweder ganz auf Kinder zu verzichten oder allenfalls ein Kind zu wollen. Auch die Frauen mit nur einem Kind erfahren allerdings immer wieder, zu welchen Schwierigkeiten dies in einer Gesellschaft führt, die zwar die Frauen in Bildung und Ausbildung geführt hat, ohne jedoch Konsequenzen z. B. in der Kinderbetreuung, im Schulalltag, in den Dienstleistungsbetrieben oder gar bei den Arbeitszeiten zu bedenken. Ohne Umstrukturierung in diesen Bereichen werden die Frauen in Führungspositionen deshalb eine Minderheit bleiben, wenn nicht das andere Extrem eintritt, daß die Familien unter der Berufstätigkeit der Frau leiden oder gar zerbrechen. Eine solche Entwicklung, die in einer humanen Gesellschaft nicht wünschenswert sein kann, ist zum Teil heute bereits festzustellen.

Dieser Tendenz muß entschieden entgegengewirkt werden, weil andernfalls das entscheidende Merkmal einer humanen Gesellschaft, das Miteinander der Generationen, die Erfahrungen mit anderen, die Verantwortung für andere, wegfallen würde. Bei allen Belastungen, die Familie zu haben mit sich bringt, stellen doch der häusliche Bereich und die Familie ebenso eine Kraftquelle dar, auf die Menschen nicht verzichten können.

Die besonderen Qualitäten von Frauen

Im Unterschied zum englischen Begriff „Career" ist das Wort „Karriereplanung" in der Bundesrepublik Deutschland negativ besetzt. Dies gilt allerdings insbesondere, wenn es im Zusammenhang mit Frauen verwendet wird, denn von Männern wird eine Karriereplanung immerhin erwartet. Frauen dagegen, die ihre Karriere planen, werden immer noch gleichgesetzt mit Egozentrik und Rücksichtslosigkeit, unter denen die eigentlichen fraulichen Eigenarten und Fähigkeiten verschwinden würden. So gerne dieses Argument von interessierter Seite auch vorgebracht wird, so ungern hört man dagegen das Eingeständnis, daß Frauen in allen Berufsbereichen auch spezifisch frauliche Erfahrungen einbringen. Gerade als Führungskräfte zeichnen sie sich verstärkt durch Flexibilität, Kreativität und eigene Führungsstile aus, die Menschen in besonderem Maße motivieren können, produktiv, kooperativ und leistungsfähig zu sein.

Es gilt, Frauen gerade auch im Hinblick auf die zukünftige Entwicklung als „Veränderungsmeisterinnen" zu verstehen. Wir leben in einer Zeit, in der gerade für die Bundesrepublik Deutschland gilt, daß sie in Wissenschaft, Wirtschaft und Technik entscheidend von Ideen und ihrer Umsetzung lebt. Insbesondere auch vor dem Hintergrund der geburtenschwachen Jahrgänge braucht unsere Gesellschaft deshalb dringend auch die innovativen Fähigkeiten von Frauen. Allerdings ist dies noch nicht von allen Seiten erkannt worden. Anders wäre es wohl kaum zu erklären, daß in der Öffentlichkeit und in den Medien Besorgnis geäußert wird, wenn Forschungsbefunde zeigen, daß insbesondere jüngere Männer heute an einer beruflichen Karriere weniger interessiert seien. Dies alarmiert die Personalführungskräfte überall in der Bundesrepublik; daß dagegen Frauen bisher in Führungspositionen kaum vertreten sind, beunruhigt diese Kreise in weit geringerem Maße.

Notwendigkeit verstärkter Frauenförderung

Welches sind nun wesentliche Instrumente der Frauenförderung? Mögliche Maßnahmen sind in aller Regel umstritten. Selbst die Frauenförderpläne haben schon heftigste Diskussionen ausgelöst, wenngleich sie die stumpfeste aller Waffen darstellen. Allerdings stellt die jüngste Entscheidung von staatlicher Seite wie von den Gewerkschaften, in vielen einzelnen Betrieben Frauenförderung zu betreiben, ein gutes Signal dar. Hier ist gerade private Initiative unverzichtbar, denn der Staat sollte nur dort tätig werden, wo es dem Interessenausgleich, der Konfliktregulierung und vor allen Dingen dem Schutz des Schwächeren dient. Ohne Privatinitiative kann durch staatliche Maßnahmen alleine wenig erreicht werden. Die entscheidenden Leistungen der Frauenförderung in den letzten Jahren sind gerade aufgrund verstärkter Privatinitiativen zustande gekommen.

Ich würde mir jedoch auch in diesem Bereich mitunter wünschen, daß für Frauen in Führungspositionen ein ähnliches Engagement vorläge, wie es z. B. im künstlerischen Bereich der Fall ist. Immer wieder machen wir die Erfahrung, daß Mittel bereitgestellt werden für sogenannte seriöse Vorhaben in der Kunst oder in der Wissenschaft. Könnte dies nicht auch gezielt für Frauenförderung in den Bereichen Naturwissenschaften und Technik oder auch hinsichtlich von Führungspositionen geschehen? Was wir in den nächsten Jahren auch im politischen Bereich brauchen, ist generell eine gezielte Förderung von Frauen, verbunden mit Versuchen der Flexibilisierung von Arbeitszeitstrukturen und neuen Formen der Kinderbetreuung. Entscheidend ist jedoch die kontinuierlich berufliche Förderung. Die berufliche Bildung ist eine zentrale Voraussetzung, um Berufslaufbahnen auch durchzusetzen und durchführen zu können. Nach wie vor sind in der Allgemein- und Erwachsenenbildung ¾ Frauen und nur ¼ Männer vertreten, in der beruflichen Bildung dagegen nur ⅓ Frauen. Deshalb muß geprüft werden, wie die berufliche Bildung betriebsnäher und familienfreundlicher gestaltet werden kann.

Schließlich wäre es auch sinnvoll, den Gedanken einer Stiftung oder einer Akademie für Frauen in Führungspositionen in Betracht zu ziehen. Ich würde eine solche Initiative begrüßen und mich für ihre staatliche Förderung einsetzen, denn Glaubwürdigkeit kann nur erzielt werden, wenn neben den privaten Initiativen auch der Staat im Bereich der betrieblichen Frauenförderungspläne seinen Verpflichtungen nachkommt.

Die neuen Technologien – eine Herausforderung für Frauen

Im allgemeinen werden die neuen Technologien als eine Bedrohung für Frauen, als Bedrohung ihrer Arbeitsplätze und ihrer Lebensräume angesehen. Man folgert daraus, daß Frauen sich gegen die Einführung neuer Technologien wehren müssen und sie keinesfalls fördern sollten. Demgegenüber muß festgestellt werden, daß es entscheidend auf die Bereitschaft der Frauen ankommt, sich dem Prozeß der technologischen Veränderungen zu stellen, wenn die neuen Technologien nicht zu einer unmenschlichen Bedrohung der Gesellschaft werden sollen. Gerade das Engagement der Frauen kann dazu beitragen, die Einführung der neuen Technologien humaner zu gestalten.

Zur Situation von Frauen in den Naturwissenschaften

Diese Erkenntnis ist das Ergebnis von wissenschaftlichen Untersuchungen [1], die sich mit der Frage der Technikdistanz bei Mädchen und Frauen auseinandergesetzt haben. Man hat dabei herausgefunden, daß sogenannte typische Naturwissenschaftler eine relativ starke Weiblichkeitsangst haben. Der Naturwissenschaftler flüchtet in seine Wissenschaft, um seine generelle Weiblichkeitsangst zu überwinden und so einen Schutzwall um sich aufzubauen. Dadurch wird Frauen das Eindringen in den Bereich der Naturwis-

---

[1] *Brämer, Rainer; Nolte, Georg:* Wer hat Angst vor wem? Frauen und Naturwissenschaft. Psychologie heute 12 (1985) H. 3, S. 57–61

senschaften sehr erschwert, und diejenigen Frauen, die das schließlich doch tun oder es wenigstens versuchen, werden mit festgefügten Vorurteilen konfrontiert: Sie gelten als unweiblich, man unterstellt ihnen männliche Verhaltensweisen, männliche Einstellung, männliche Art. So geraten sie aufgrund ihrer Berufswahl in Konflikt mit ihrer weiblichen Rolle und erfahren nicht nur von den Männern, sondern auch von ihren eigenen Geschlechtsgenossinnen häufig Ablehnung. Mädchen überlegen sich unter diesen Umständen vorher sehr genau, ob sie überhaupt in solche Berufsfelder gehen sollen.

Dabei sind Frauen in naturwissenschaftlichen Bereichen durchaus erwünscht, allerdings in den sogenannten dienenden oder Hilfsfunktionen. Typische Frauendomänen sind etwa Berufe wie technische Zeichnerin, technische Assistentin, Laborantin und ähnliches. In solchen dienenden Rollen werden Frauen von Männern akzeptiert, da sich der Mann hier aufgrund des Hierarchiegefälles als der Stärkere, Größere, Gescheitere fühlen und die Frau als die etwas Dümmere, Kleinere und eben Untergeordnete ansehen kann.

Wo aber Frauen in naturwissenschaftliche Berufsfelder eingedrungen sind, zeigt sich ein bemerkenswertes Phänomen, das für das Verhältnis von Frauen zu den neuen Technologien von erheblicher Bedeutung ist: Frauen konzentrieren sich in naturwissenschaftlichen Berufen in erheblichem Umfang auf alternative Betätigungsmöglichkeiten.[2] Sie entwickeln zum Beispiel eine große Bereitschaft, im Umweltschutz zu arbeiten, und setzen sich viel stärker als die meisten ihrer männlichen Kollegen etwa mit Nutzen und Risiken von Kernkraftwerken auseinander. Offenbar ermöglicht die distanzierte Haltung gegenüber der Technik bei Frauen eine höhere Sensibilität für deren Folgewirkungen. Sobald Frauen in verstärktem Maße im naturwissen-

---

[2] Ebd. S. 61.

schaftlich-technischen Bereich Fuß gefaßt haben werden, dürften sie dort Gesichtspunkte zum Tragen bringen, die heute noch oft genug vernachlässigt werden, etwa die Frage, ob der Einsatz neuer Technologien schlechthin als positiv und wünschenswert bezeichnet werden kann oder ob es nicht Korrektive geben muß, die die Bewahrung einer menschlichen Komponente in der Technisierung unserer Welt sicherstellen. Aufgrund solcher Forschungsergebnisse ist es zu wünschen, daß Frauen sich bald verstärkt im Bereich der neuen Technologien engagieren und so zu Förderern einer begrüßenswerten neuen Technologie werden.

Gefahren und Chancen der neuen Technologie für Frauen

Es stellt sich allerdings die Frage, ob Frauen auch zu Nutznießern der neuen Technologien werden können, ob die Risiken die Chancen bei der Einführung neuer Technologien für Frauen überwiegen. Dabei sind vor allem zwei Probleme von Bedeutung: der mögliche Verlust von Frauenarbeitsplätzen beziehungsweise die Verdrängung der Frauen aus Arbeitsplätzen, die bisher als ihre angestammten gelten konnten. Hier ist in Zukunft in der Tat mit einschneidenden Veränderungen zu rechnen, wie Forschungsergebnisse und schon einfache statistische Untersuchungen aufzeigen. Am stärksten sind bekanntlich diejenigen Arbeitsplätze gefährdet, an denen am wenigsten qualifizierte Tätigkeiten verrichtet werden, sowie solche mit vorwiegend monotonen Arbeitsabläufen, die problemlos automatisiert werden können. Dies aber sind traditionellerweise Bereiche, in denen ganz überwiegend Frauen beschäftigt sind. Frauen sind generell nur in Ausnahmefällen in Führungspositionen aufgestiegen. Sie haben – jedenfalls in früherer Zeit – häufig keine ausreichende berufliche Qualifikation erworben. Die Arbeitsplätze dieser Frauen sind durch die Einführung neuer Technologien in besonders starkem Maße bedroht.

Man wird allerdings getrost bezweifeln dürfen, ob dieser Umstand beklagenswert ist. Gerade der Verlust unqualifizierter Tätigkeiten durch die Einführung neuer Technologien eröffnet für Frauen neue Chancen. In den letzten Jahren hat sich die Tendenz durchgesetzt, daß Frauen generell höhere schulische Bildungsabschlüsse erwerben. In dieser Beziehung haben sie mit den Männern praktisch gleichgezogen. Aber auch auf dem Sektor der beruflichen Bildung hat sich einiges verändert: In einem Modellversuch, den der Bundesminister für Bildung und Wissenschaft durchgeführt hat[3], hat sich eindeutig gezeigt, daß Mädchen sowohl theoretisch als auch praktisch ebenso für gewerblich-technische Berufe geeignet sind wie Jungen und daß sie zum Teil sogar bessere Abschlüsse erreicht haben. Die Chancen von Frauen im Hinblick auf die neuen Technologien gründen heute also auf einer qualifizierten Erstausbildung. Sie sind folglich nicht mehr vorwiegend auf unqualifizierte Arbeitsplätze angewiesen.

Gut vorbereitet für die Arbeitsplätze der Zukunft sind die Mädchen aber noch aus einem anderen Grund: Gerade jene Fertigkeiten, die im Umgang mit den neuen Technologien oder Computern verlangt werden, sind traditionell eher bei Frauen zu finden: Dazu gehören Qualifikationen wie Kommunikationsfähigkeit, die Fähigkeit zur Teamarbeit, das Durchhaltevermögen, die Beobachtungsgabe oder die Bereitschaft, Details zu beachten. Solche Qualifikationen schreibt man im allgemeinen Frauen zu, was sicher eine Folge traditioneller Frauensozialisation ist. Hier dürfte sie sich einmal positiv für die Frauen auswirken.

Die Veränderungen der Arbeitswelt, die die neuen Technologien mit sich bringen werden, sind aber noch in einem anderen Zusammenhang eine Chance für Frauen. Eine Stu-

---

[3] Antwort der Bundesregierung auf die Kleine Anfrage „Ausbildung von jungen Frauen in gewerblich-technischen Berufen", Bundestagsdrucksache 10/2016 vom 20.09.1984.

die, die das Europaparlament erstellt hat[4], zeigt, daß durch die Einführung neuer Technologien Arbeitsplätze verdichtet und angereichert werden können. Ein Großteil der Arbeitsvorgänge, die bisher zeitlich sehr aufwendig manuell oder von mit Hand zu bedienenden Maschinen erledigt werden mußten, wird künftig vom Computer übernommen. Dadurch entstehen Freiräume. Neue Tätigkeitsbereiche können jetzt dem Arbeitsplatz zugeordnet werden. Damit kann auf längere Sicht die Aufspaltung der Arbeitswelt in weibliche – weniger qualifizierte – und männliche – höher qualifizierte – Arbeitsplätze aufgehoben werden. Zumindest werden sich beide Bereiche stark annähern. Die genannte Studie kommt zu dem Ergebnis, daß mit der Einführung neuer Technologien die Diskriminierung oder Benachteiligung von Frauen am Arbeitsplatz zurückgehen kann.[5] Frauen sollten sich also frühzeitig in den Prozeß der Einführung neuer Technologien einschalten, um die Entwicklung zu ihren Gunsten zu beeinflussen.

Entwicklungstendenzen im Bereich Neue Technologie

Betrachten wir als nächstes die tatsächlichen Verhältnisse: Wie hat sich die Situation in den letzten Jahren verändert, und wie wird die Entwicklung voraussichtlich weitergehen? Allgemeine grundlegende Strukturveränderungen sind bereits heute zu beobachten, auch wenn sie noch nicht in jeder Dimension quantifiziert werden können. Mehr als ¾ der sozialversicherungspflichtig beschäftigten Frauen, genau 78,8% (1988: 79,6%), arbeiten zur Zeit in Dienstleistungsberufen, davon wiederum 30,5% (1988: 30,7%) in Organisa-

---

[4] *Salisch, Heike:* Zwischenbericht im Namen des Ausschusses für die Rechte der Frau über die Auswirkungen der neuen Technologien auf die Beschäftigung der Frauen. Sitzungsdokumente des Europaparlamentes A2-96/85 vom 30.09.1985.
[5] Ebd.

tions-, Verwaltungs- und Büroberufen. Gerade in diesen Bereichen wurden und werden neue Technologien stark eingesetzt. Dadurch werden nicht nur sehr viele Arbeitsplätze verändert: Es ändern sich vor allem die Arbeitsinhalte.

Interessant ist in diesem Zusammenhang, daß schon heute manche männlichen Bewerber bei der Berufswahl nicht mehr den gewerblich-technischen Bereich bevorzugen, sondern in wachsendem Maße eine Beschäftigung im Dienstleistungsbereich suchen, da dieser Sektor generell expandiert. Hier entsteht also eine neue Konkurrenzsituation: Es wird auch in diesem Bereich immer weniger angestammte Frauenarbeitsplätze geben. Die Frauen bekommen männliche Mitbewerber, und sie müssen sich gegen diese Konkurrenz behaupten.

Frauen werden in dieser Wettbewerbssituation nur bestehen können, wenn sie sich den neuen Technologien stellen. Nach einer Untersuchung der Organisation für wirtschaftliche Zusammenarbeit und Entwicklung, OECD, muß man davon ausgehen, daß im Jahre 1990 die Hälfte aller Beschäftigten Grundkenntnisse der Datentechnik haben müssen, um im Arbeitsleben zurechtzukommen, und zwar unabhängig davon, wo sie beschäftigt sind.[6] Konkret heißt das, daß durch den ständig wachsenden Einsatz der neuen Technologien praktisch jeder zweite Arbeitnehmer und jede zweite Arbeitnehmerin von den neuen Technologien unmittelbar betroffen sein wird.

Noch weitreichendere Veränderungen wurden bei den Seminaren deutlich, die die Europäische Gemeinschaft 1984 und 1985 in Newcastle und Bologna durchgeführt hat. Bereits heute werden danach 2 von 3 Europäern bzw. Europäerinnen bei ihrer Arbeit mehr oder weniger unmittelbar von den neuen Technologien betroffen, bei deren Herstellung selbst nur 5% der Erwerbsbevölkerung – das

---

[6] Pressemitteilung des Bundesministeriums für Bildung und Wissenschaft vom 27.03.1985, S. 2.

heißt in der Europäischen Gemeinschaft: 5 Millionen Menschen – beschäftigt sind.[7]

Für die Bundesrepublik läßt sich folgendes feststellen: Gerade in den stark technikbezogenen Branchen hat eine Expansion an Arbeitsplätzen stattgefunden. So sind in den Jahren 1973–1980 für die Tätigkeiten Planen und Konstruieren ca. 100000 neue Arbeitsplätze geschaffen worden. In den sogenannten technischen Berufen sind von 1973 bis 1982 ca. 170000 zusätzliche Arbeitsplätze entstanden. (Der Frauenanteil in den technischen Berufen stieg von 10,2% 1973 auf 12,1% 1987.) Dabei handelt es sich durchgängig um qualifizierte Arbeitsplätze, so insbesondere in EDV-typischen Bereichen, aber auch in den ingenieurwissenschaftlichen, naturwissenschaftlichen und beratenden Tätigkeiten. Insofern trifft die pauschale Aussage, durch die neuen Technologien würden Arbeitsplätze vernichtet, jedenfalls nicht für die Branchen zu, in denen diese Technologien entwickelt und produziert werden. Darüber hinaus expandieren aber auch jene Bereiche, in denen die neuen Technologien zur Planung, Konstruktion oder für ähnliche Aufgaben eingesetzt werden.[8]

Die Studie des Europaparlaments[9] hat ebenfalls nachweisen können, daß die neuen Technologien bereits jetzt zu Arbeitsplatzanreicherungen geführt haben. Dies trifft zum Beispiel auf die Banken und Versicherungen zu, in denen sehr viele Frauen beschäftigt sind. Dort hat sich auch gezeigt, daß Frauen ihre beruflichen Chancen durch Teilnahme an Fortbildungsmaßnahmen wahren konnten und so ihre Arbeitsplätze erhalten haben.

Die Einführung der neuen Technologien hat hier Freiräume für Serviceleistungen und Kundenbetreuung ge-

---

7 Soziales Europa. Beih. Neue Informationstechnologien und Schulsysteme. Luxemburg 1985. S. 31.

8 Pressemitteilung des Bundesministeriums für Bildung und Wissenschaft vom 27.03.1985, S. 2.

9 *Salisch* (wie Anm. 4).

schaffen. Dadurch ist die Tätigkeit der Frauen deutlich vielseitiger als die frühere. Dies gilt in ähnlicher Weise auch für den Krankenhausbereich. Auch hier sind Freiräume entstanden, die zur Pflege der Patienten genutzt werden können, während früher die technische Versorgung der Patienten die Kräfte gebunden hat.[10]

Der dritte Bereich, in dem sich der Einsatz neuer Technologien schon heute als Chance für Frauen abzeichnet, ist der Bereich der Teilzeitarbeit. Die neuen Technologien machen es möglich, in stärkerem Maße als bisher Teilzeitarbeitsplätze zu schaffen. Frauen haben sehr häufig Schwierigkeiten, bei einer Vollzeittätigkeit Beruf und Familie miteinander zu vereinbaren. Durch ein besseres Angebot an Teilzeitarbeitsplätzen können sich gerade für Frauen bessere Chancen und Lebensperspektiven ergeben: Auch wenn Frauen Kinder haben, behalten sie Kontakt zum Beruf oder können die Zeiten der Unterbrechung möglichst kurz halten. Damit dürfte ein Problem, das heute viele Frauen haben, an Bedeutung verlieren: die Schwierigkeit, nach 10 oder manchmal 20 Jahren der Unterbrechung den Anschluß an den Beruf wiederzugewinnen.

Die Bedeutung der Schule

Frauen haben also wenig Veranlassung, die neuen Technologien pauschal abzulehnen, sie sollten sie vielmehr unterstützen und fördern und ihre Interessen dabei nicht nur geltend machen, sondern sie auch durchsetzen. Dies erfordert allerdings, daß sich die Frauen so frühzeitig wie möglich auf die neuen Anforderungen einstellen. Es kann heute nicht mehr genügen, sich Kenntnisse über die neuen Techniken durch berufsbegleitende Fortbildungsmaßnahmen anzueignen. Der Prozeß des Lernens und der Auseinander-

---

[10] Pressemitteilung des Bundesministeriums für Bildung und Wissenschaft vom 27.03.1985, S. 2.

setzung mit den neuen Technologien muß sehr viel früher einsetzen. Der Lernort Schule gewinnt hier eine neue Bedeutung. Heute ist noch umstritten, ob es den Schülern und Schülerinnen überlassen bleiben soll, ob sie sich Kenntnisse neuer Technologien aneignen oder nicht oder ob für Mädchen und Jungen ein differenziertes Unterrichtsangebot gemacht werden sollte.

Man wird angesichts der vorrangigen Bedeutung, die den neuen Technologien bereits heute in der Arbeitswelt zukommt, ein fakultatives Lernangebot in der Schule nicht mehr befürworten können. Die Schule muß die Vermittlung von Kenntnissen in den neuen Technologien nicht nur anbieten; es müssen alle Schüler daran teilhaben. Damit stellt sich die Frage, wie die Lerninhalte so aufbereitet werden können, daß sie von den Schülern und Schülerinnen auch tatsächlich aufgenommen werden. Die Qualifizierung der Lehrer für die neuen Aufgaben liegt noch im argen. Typischerweise muß der Unterricht heute im allgemeinen von Lehrern und Lehrerinnen gestaltet werden, die während ihrer Ausbildungszeit noch weniger oder keine Gelegenheit hatte, sich die erforderlichen Fachkenntnisse anzueignen. Angesichts der restriktiven Einstellungspraxis im Schulbereich ist auch nicht damit zu rechnen, daß sich an diesen Umständen in absehbarer Zeit etwas deutlich ändert.

Im Hinblick auf die Frage, ob der Unterricht über neue Technologien auch für Mädchen verbindlich sein sollte, erscheinen mir einige Untersuchungen bemerkenswert, in denen die Frage überprüft wurde, wie sehr sich Mädchen für diesen Bereich interessieren und ob sie der Überzeugung sind, daß entsprechende Kenntnisse ihnen in ihrer späteren beruflichen Entwicklung nützlich sein werden.

Karl Frey vom Institut für die Pädagogik der Naturwissenschaften in Kiel hat dazu herausgefunden,[11] daß beim

---

[11] *Frey, Karl:* Computer und Bildung. Auswirkungen, Chancen und Probleme. Universitas 40 (1985) S. 971–981.

Umgang mit Mikrocomputern zunächst einmal die Jungen den Ton angeben. Sie machen die ersten Handgriffe und Eingaben. Allerdings beteiligen sich schon nach wenigen Stunden die Mädchen ebenso aktiv wie die Jungen. Untersucht man das Interesse jedoch längerfristig, so zeigt sich, daß es bei den Mädchen auf die Dauer eher erlahmt. Während in der 5. Schulklasse noch 56,9% der Mädchen angeben, daß sie sich für Elektronik interessieren (bei den Jungen sind es 77,1%), sinkt dieser Prozentsatz in der 10. Klasse bei Mädchen auf 48,8%, während sich noch 63,7% der Jungen für den Elektronikunterricht interessieren. Das Interesse von Mädchen für Computer stagniert dagegen weniger deutlich: In der 5. Klasse interessieren sich dafür 56,0% der Mädchen gegenüber 86,2% der Jungen. Bis zur 10. Klasse nimmt bei beiden Gruppen die Aufgeschlossenheit für Computer in gleichem Umfang ab. Die Zahlen sinken bei den Mädchen auf 41,8%, bei den Jungen auf 70,4%.

Das Phänomen des abnehmenden Interesses der Mädchen im Verlauf der Schulzeit ist übrigens auch für den Physikunterricht nachgewiesen. Hierzu gibt es auch eine Untersuchung von Lore Hoffmann und Manfred Lehrke.[12] Bei der Frage nach der Relevanz des Faches Physik für Jugendliche persönlich zeigte sich, daß Jungen der Physik durchgängig mehr Bedeutung beimessen als Mädchen. Allerdings nimmt das Interesse der Mädchen deutlich zu, sobald die bei ihnen bestehenden, zunächst erheblich ausgeprägten Unsicherheiten gegenüber dem Fach abgebaut sind. Interessanterweise geben Mädchen zu einem relativ hohen Anteil an, daß man mit Hilfe der Physik viele Ereignisse aus dem Alltag erklären kann. Dieser Anteil steigt von der 5. Schulklasse (Mädchen 36,4%, Jungen 45,8%) bis zum

---

[12] *Hoffmann, Lore; Lehrke, Manfred:* Eine Zusammenstellung erster Ergebnisse aus der Querschnitterhebung 1984 über Schülerinteressen an Physik und Technik vom 5. bis 10. Schuljahr. Masch. Manuskr. Kiel 1985.

10. Schuljahr auf 41,8% (bei Jungen 55,5%). Demgegenüber sind Mädchen selten der Auffassung, Physik könne für den Beruf, den sie einmal ergreifen könnten, von Bedeutung sein (im 5. Schuljahr bei Mädchen 12,4%, bei Jungen 7,2%, im 10. Schuljahr dagegen 7,2% gegenüber 38,8% bei den Jungen).

Hieraus erklärt sich offenkundig, warum das ohnehin nicht sehr ausgeprägte Interesse der Mädchen am Schulfach Physik im Laufe der Schulzeit immer weiter abnimmt. Die Mädchen sehen im allgemeinen keinerlei Zusammenhang zwischen diesem Unterrichtsfach und ihrem späteren Beruf. Dies muß allerdings keineswegs so bleiben: Sobald technisch-naturwissenschaftliche Elemente auch die Berufswelt von Frauen deutlicher bestimmen, wird sicher die Motivation der Mädchen für die entsprechenden Unterrichtsgegenstände ansteigen. Hier die Zusammenhänge transparent zu machen ist gewiß auch eine Aufgabe der Schule.

Selbstverständlich kann es nicht darum gehen, die Schule zum Tummelplatz für Computerfreaks zu machen. Hier ist ebenso wie für alle anderen Unterrichtsgegenstände nach den Lernzielen zu fragen, die der Vermittlung von Kenntnissen zugrunde gelegt werden sollen. In diesem Zusammenhang ist vor allem das Lernziel „Flexibilität" von Bedeutung. Es zieht verschiedene Formen des Umgangs mit den neuen Technologien im Unterricht nach sich. Einmal soll den Schülern und Schülerinnen deutlich werden, daß die Informationstechnologien die Palette der Kulturtechniken wie Lesen, Schreiben und Rechnen bereichern und neue Möglichkeiten von Weltbewältigung eröffnen. Zugleich erfordert der pädagogische Auftrag der Schule aber auch, daß Schüler zur kritischen Auseinandersetzung mit den Informationstechnologien befähigt werden. Sie sollen sich mit den Vor- und Nachteilen der neuen Technologien auseinandersetzen und zu einer vernünftigen Nutzung der gegebenen Möglichkeiten in Beruf und Öffentlichkeit, in Haushalt und Freizeit gelangen. Eine vernünftige Nutzung setzt voraus, daß die neuen Technologien dazu dienen, Freiräume für humane Arbeit, für Bildung und Kreativität schaffen zu können. Bei der Vermittlung von Kenntnissen über neue Informations- und Kommunikationstechniken geht es also nicht darum, den Menschen möglichst optimal an die Computer anzupassen. Die Aufgabe der Schule besteht vielmehr darin, bei den Schülern irrationale Ängste vor der Technik abzubauen und dem Gefühl ohnmächtigen Ausgeliefertseins an die Maschinen entgegenzuwirken, indem die Schüler lernen, die Technik zu beherrschen, zu durchschauen und sich ihrer zu bedienen.

Diesen Aspekt betont auch das Europaparlament in seiner Entschließung zum „Arbeitsprogramm für 1985 bis 1987 betreffend neue Informationstechnologien und Schulsysteme in der Europäischen Gemeinschaft."[13] Dort heißt es zum Beispiel: Junge Menschen sollten im Hinblick auf die beispiellose Schnelligkeit des technologischen Wandels angemessen darauf vorbereitet werden; allerdings dürfe der Erwerb von Kenntnissen im technischen Bereich nicht mit einer Einschränkung der geisteswissenschaftlichen Kenntnisse und der Kreativität erkauft werden. Darüber hinaus sei sicherzustellen, daß mit der Beherrschung technischer Fähigkeiten auch die Kritikfähigkeit ausgebildet und die Kompetenz zur Auseinandersetzung mit dem Verhältnis Mensch – Technik erworben werde.

Es muß noch einmal hervorgehoben werden, daß diese Aufgaben nur gelöst werden können, wenn in der Ausbildung der Lehrer den neuen Anforderungen bereits Rechnung getragen wird. Für längere Zeit wird allerdings der Weiterbildung der Lehrer besondere Bedeutung zukommen. Dazu muß eine enge Zusammenarbeit zwischen Uni-

---

[13] *McMahon, H.:* Bericht im Namen des Ausschusses für Jugend, Kultur und Bildung, Information und Sport über neue Informationstechnologien und Schulsysteme in der Europäischen Gemeinschaft: Arbeitsprogramm 1985 – 1987. Sitzungsdokumente des Europaparlamentes A 2-98/85.

versitäten, Schulen und Forschungsinstituten sichergestellt werden. Wichtige Vorarbeiten dazu sind bereits geleistet worden. So hat die Bund-Länder-Kommission für Bildungsplanung und Forschungsförderung ein Rahmenkonzept für die informationstechnische Bildung in Schule und Ausbildung vorgelegt und Mindestanforderungen an schulgeeignete Rechner beschlossen.[14]

Die Bedeutung für die berufliche Bildung

Mit Initiativen im schulischen Bereich ist es allerdings nicht getan. Wie bereits betont, ist eine qualifizierte Ausbildung die unabdingbare Voraussetzung dafür, daß Frauen ihre beruflichen Chancen bei Einführung neuer Technologien wahren können. Wesentlich ist dabei, daß sie Ausbildungen auch in jenen Berufsfeldern durchlaufen, die besonders stark durch den Einsatz neuer Technologien geprägt sind. Die Bundesregierung führt dazu ein „Aktionsprogramm: Neue Technologien in der beruflichen Bildung" durch, in dessen Rahmen auch sogenannte Wirtschaftsmodellversuche stattfinden. Sie beziehen sich auf die Schwerpunkte Bürotechnik mit integrierter Daten- und Textverarbeitung sowie Informations- und Kommunikationsnetzen, auf die industrielle Steuerungstechnik und Automation sowie auf die computergestützte Konstruktion. Im Rahmen sämtlicher innerhalb dieses Projekts anfallender Forschungsvorhaben wird die Situation von Mädchen besonders berücksichtigt.

Um die Mädchen gezielt anzusprechen und ihnen den Zugang zur Technik zu erleichtern, hat die Bundesregierung die Aktion „Computerkurse für Mädchen" gestartet.

---

[14] Bund-Länder-Kommission für Bildungsplanung und Forschungsförderung: Rahmenkonzept für die Informationstechnische Bildung in Schule und Ausbildung einschließlich der Mindestanforderungen an schulgeeignete Rechner. Bonn 1985.

Die große Nachfrage nach diesen fünftägigen Kursen, die weit über die angebotenen Plätze hinausging, widerlegt im übrigen sehr eindrucksvoll die Behauptung, Mädchen seien für Technik nicht zu interessieren. Auch während der Kurse hat sich die Aufgeschlossenheit der Mädchen für die Computertechnik eindeutig bestätigt.

Frauen haben, dies dürfte nach dem bisher Ausgeführten sicher sein, keine Veranlassung, sich gegenüber dem Eindringen der neuen Technologien in die Berufswelt zu sperren. Sie sollten von sich aus die Chancen ergreifen, die sich bieten, und auf die Entwicklung zu ihren Gunsten Einfluß zu nehmen versuchen.

Soziale Auswirkungen

Diese Bejahung der neuen Technologien in der Arbeitswelt darf aber nicht verwechselt werden mit einer undifferenzierten Zustimmung zum Vordringen der neuen Technologien in allen Lebensbereichen. Es gehört zu den Eigenarten der technischen Entwicklung, daß sie die Kommunikationsmöglichkeiten, die dem einzelnen Menschen zur Verfügung stehen, entscheidend erweitert. Dies bewirkt allerdings keine Intensivierung der Kontakte von Mensch zu Mensch. Statt dessen werden in immer stärkerem Maße technische Medien benutzt, die zwar die Abwicklung von Kommunikationsprozessen ermöglichen, aber keine menschliche Kommunikation mehr zulassen. Die Frauen haben alle Veranlassung, dieser Gefahr entgegenzuwirken.

Immer zahlreicher werden die Kommunikationsvorgänge, in denen der Computer zum „Partner" des Menschen avanciert. Fahrkartenautomaten ersetzen den Schaffner, Geldautomaten machen Bankangestellte überflüssig; über kurz oder lang wird man zu deren Benutzung nicht einmal mehr das Haus verlassen müssen. Mit Hilfe von Medien wie Bildschirmtext wird man seine Einkäufe erledigen, seine Geldgeschäfte abwickeln und sicher bald auch den

Rat eines Seelsorgers einholen können. Es droht die Gefahr, daß wir binnen kurzer Zeit mehr Erfahrung im Umgang mit Maschinen als mit Menschen haben werden. Welche Auswirkungen sich daraus für die Verfassung der Gesellschaft, für die Lebensqualität des einzelnen, ja für die menschliche Kultur ergeben, wagt man sich kaum auszumalen. Hier droht über das Eindringen von immer mehr Medien in die zwischenmenschlichen Beziehungen eine Beschränkung unserer Erfahrungswelt, die unsere Kultur revolutionieren könnte.

Es kann Frauen nicht gleichgültig sein, daß ihre Kinder sich mit Maschinen besser verständigen können als mit Menschen, weil sie einen Großteil ihrer Zeit am Terminal verbringen. Schon heute beklagen wir, daß unsere Kinder und Jugendlichen ihre wesentlichen Lebenserfahrungen über Bildschirme beziehen, daß ihre Vorstellungen von menschlichen Beziehungen eher von den Verhaltensformen der Titelhelden von Fernsehserien bestimmt werden als von Erfahrungen mit Menschen. Je mehr Medien in immer mehr Lebensvollzüge vordringen, desto weniger Erfahrungen mit Menschen werden möglich sein. Das für die Entwicklung des Kindes so wichtige Spiel ist schon heute weitgehend mechanisiert. Spielkamerad ist der Heimcomputer. Menschliche Spielgefährten benötigt man heute weder für das Schachspiel noch für „Mensch, ärgere dich nicht".

Hier droht über die neuen Technologien eine ungeheuerliche Isolierung des einzelnen; als erste werden die Frauen davon betroffen sein. Schon heute wissen wir, daß Mütter, die sich voll ihren Kindern widmen, über die Einschränkung und Verarmung ihrer Sozialbeziehung klagen. Wie wird das erst sein, wenn die Hausfrau ihre Wohnung nicht einmal mehr zum Einkaufen verläßt, weil dies vom heimischen Terminal aus erledigt werden kann? Was wird unter solchen Bedingungen mit der Gruppe der Alleinstehenden, mit den alten Menschen? Auch sie leiden schon heute oftmals unter dem Verlust menschlicher Kontakte; auch bei diesen Gruppen sind es vor allem Frauen, die besonders betroffen sind. Hier liegt die eigentliche, die existentielle Bedrohung, die für Menschen von den neuen Technologien ausgeht. Wir haben weiter oben festgestellt, daß die neuen Technologien die Möglichkeit eröffnen, die Menschen von monotonen, zeitraubenden und beschwerlichen Arbeitsvorgängen zu entlasten und so Freiräume zu schaffen, die etwa im Dienstleistungsbereich für die direkte Betreuung des Kunden, Patienten usw. genutzt werden könnten. Diese Chance wird sich allerdings nur ergeben, wenn die entstehenden Freiräume nicht einfach wegrationalisiert und dem ökonomischen Profit geopfert werden. Frauen sind solchen Bedrohungen nicht wehrlos ausgeliefert. Sie müssen ihren kritischen Einfluß geltend machen und dürfen sich nicht damit abfinden, daß technische Medien immer mehr soziale Kontakte ersetzen. Sie dürfen als Elternvertreter nicht zulassen, daß der Computer den Lehrer ersetzt und dürfen auch ihre Erziehungsfunktion nicht kampflos an den Bildschirm delegieren. Vor allem aber sollten sie sich nicht der Illusion hingeben, die Entwicklung der neuen Technologien ginge sie nichts an und könne daher getrost den Männern überlassen bleiben!

Was Frauen auf dem Lande leisten

Was Frauen auf dem Lande leisten, ist in der Öffentlichkeit lange unerwähnt geblieben. Erst in dem Maße, in dem sich die allgemeinen Probleme im ländlichen Raum verdichten, wird auch die Frau zum Thema. Die spezifischen Probleme der Frauen auf dem Lande wurden lange Zeit unterschätzt, weil der ländliche Raum insgesamt als ein intakter Raum angesehen wurde, in dem die Lebensverhältnisse noch in Ordnung sind. Aus diesem Grunde blieb die permanente Überforderung der Landfrauen, insbesondere der Bäuerinnen, weitgehend unbeachtet.

Der Begriff der ‚Landfrau' kann allerdings heute keineswegs mehr ausschließlich auf die in der Landwirtschaft tätigen Frauen eingeschränkt werden. Im Gegenteil erweisen sich die Landfrauen vielmehr als eine sehr vielschichtige Gruppe. So gibt es neben der Bäuerin in den ländlichen Regionen verstärkt die außerhäuslich erwerbstätige Frau, die in Industrie, Handwerk, Dienstleistungs- und Verwaltungsberufen arbeitet. Weiterhin ist an die vielen in der Familie tätigen Frauen, insbesondere die jungen Mütter im ländlichen Raum zu denken. Schließlich gilt es bei der Erörterung der Probleme der Landfrauen auch zu berücksichtigen, daß zu unterscheiden ist zwischen jenen, die schon immer auf dem Land gelebt haben und jenen, die aus den städtischen Regionen aufs Land ziehen. Hier ist auch an die zahlreichen „Rückkehrerinnen" zu denken.

Wenn ich im folgenden über die soziale Verantwortung der Landfrauen und für die Landfrauen spreche, möchte ich dennoch hauptsächlich auf die Situation der in der Landwirtschaft tätigen Frauen eingehen, weil an ihnen in besonderer Weise jene Probleme deutlich werden, die die Frauen im ländlichen Raum generell betreffen.

Die Erfahrungen der vergangenen Jahrzehnte zeigen sehr deutlich, daß in Politik und Gesellschaft viel zu lange nur von der sozialen Verantwortung der Landfrauen ausgegangen worden ist. Hier sind die von Frauen im ländlichen Raum erbrachten Leistungen stillschweigend vorausgesetzt worden, ohne daß umgekehrt im genügenden Maße auch die soziale Verantwortung der Gesellschaft, insbesondere der Politik für die Landfrauen, bedacht worden wäre. Diese bisher zu kurz gekommene Wechselseitigkeit der sozialen Verantwortung von Landfrauen, aber auch für die Landfrauen, möchte ich ins Zentrum meines Referates stellen.

Ich will dabei zunächst die Leistungen von Frauen im ländlichen Raum im Hinblick auf ihre vielfältigen Aufgaben in Beruf, Familie und Gemeinschaft verdeutlichen. Daran anschließend werde ich der Frage nachgehen, wie es denn angesichts dieses seit langem praktizierten großen sozialen Verantwortungsbewußtseins der Landfrauen umgekehrt mit der Wahrnehmung der gesellschaftlichen und politischen Verantwortlichkeit für die Landfrauen bestellt war und ist. Die sich hieraus ergebenden Forderungen für künftiges politisches Handeln werde ich im Schlußteil meiner Rede ansprechen.

Die sozialen Leistungen der Landfrauen in Beruf, Familie und Gemeinschaft

Ich kann mir vorstellen, daß viele Landfrauen nur verwundert und irritiert aufhorchen, wenn sie von der inzwischen allgemein üblichen 39- oder gar der 35-Stunden-Woche reden hören. Bei der durchschnittlichen Arbeitsbelastung von Frauen in der Landwirtschaft und bei Selbständigen müßte man solche Arbeitszeiten fast schon als Kurzarbeit bezeichnen. Wie verschiedene wissenschaftliche Untersuchungen belegt haben, wird hier von Frauen im Durchschnitt mindestens 50 bis 60 Stunden, nicht selten jedoch auch bis zu 80 Stunden pro Woche gearbeitet. In aller Regel ist dabei von einer Mehrfach- – ich möchte lieber sagen – von einer Vielfachbelastung der Landfrau in Beruf, Familie und Dorfgemeinschaft auszugehen.

Schon in ihrer Berufstätigkeit werden viele Frauen auf dem Lande wesentlich stärker belastet als Frauen in anderen Bereichen. Dies zeigt besonders deutlich das Beispiel der Bäuerinnen. Auf vielen Haupterwerbshöfen geht die Frau einer Vollzeit- oder Teilzeitbeschäftigung außerhalb des Bauernhofes nach, um durch dieses feste Einkommen zur Erhaltung des Hofes beizutragen und oft genug dadurch auch erst die Existenz des Betriebes zu sichern. Daß diese Frauen außerhalb der beruflichen Arbeitszeit regelmäßig auch im landwirtschaftlichen Betrieb mitarbeiten, ist bekannt. Geht dagegen der Ehemann einer Erwerbstätigkeit nach, wie dies auf den Neben- oder Zuerwerbshöfen in der Regel der Fall ist, so ruht sogar die Hauptlast der Verantwortung für die Landwirtschaft auf den Schultern der Frau. Während der Mann dann schon berufsbedingt nur den Samstag als bäuerlichen Hauptarbeitstag nutzen kann, ist die Frau die ganze Woche hindurch auf dem Hof tätig und zudem gewöhnlich auch noch für die Buchführung und das Kaufmännische zuständig. Viele dieser kleinen Nebenerwerbshöfe wären ohne die Leistungen der Bäuerinnen gar nicht zu erhalten. Während wir in der Öffentlichkeit immer nur vom Bild des Bauern ausgehen, wissen viele der Betroffenen es besser. In einem Bericht über die Lage der Nebenerwerbshöfe im Mittelfränkischen in der Frankfurter Rundschau vom 6. Januar 1988 stellt ein erwerbstätiger Ehemann ganz richtig fest: „Beim Nebenerwerb hängt die Hauptarbeit an der Frau."

Neben der Arbeit im landwirtschaftlichen Betrieb und der außerhäuslichen Erwerbstätigkeit übernehmen Landfrauen eine Vielzahl weiterer wichtiger und zeitraubender Aufgaben. So ist in aller Regel auch heute noch die Frau allein für die Haushaltsführung zuständig. Schon traditionell fällt ihr daneben auch bei der Erziehung der Kinder der Hauptanteil an Arbeit zu. Jeder, der selbst Kinder großgezogen hat, weiß, wieviel Zeit gerade kleine Kinder beanspruchen und wie schwer es oft ist, während und nach der Arbeit Zeit und Geduld für die Kinder zu finden, die natürlich auch nicht zu kurz kommen dürfen.

Doch ist der Aufgabenbereich der Landfrauen mit Beruf, Haushaltsführung und Erziehung noch keineswegs erschöpft. Eine große, bisher viel zuwenig gewürdigte Leistung erbringen Landfrauen im Pflegebereich, wo ältere Familienmitglieder, aber auch hilfsbedürftige Nachbarn oft aufopferungsvoll betreut werden. Bei der extremen Belastung der Landfrauen wäre es nur nachvollziehbar, wenn gerade auf dem Lande Pflegefälle häufiger als in anderen Regionen in Krankenhäuser und Pflegestationen überwiesen würden – wie uns die Statistiken zeigen, ist jedoch das Gegenteil der Fall. Auf dem Lande ist der Anteil der in der Familie betreuten und gepflegten Familienangehörigen doppelt so hoch wie in den Städten. Die Tatsache, daß sie nicht in Heimen untergebracht werden, ist ein Grund, warum in der Fachliteratur durchweg von der „noch intakten Sozialstruktur" auf dem Lande gesprochen wird.

Eine ebenfalls viel zu wenig beachtete Leistung erbringen Landfrauen durch ihre Mitarbeit in der Dorfgemeinschaft und für die Dorfgemeinschaft. Hier hat die „neue Attraktivität" des Lebens auf dem Lande im letzten Jahrzehnt neue Aufgaben mit sich gebracht: die Integration der Neusiedler in die Dorfgemeinschaft bei Bewahrung der dörflichen Lebensformen.

Außerdem kehren heute viele junge Menschen vom Lande nach einer Zeit der Ausbildung und der Berufsausübung im städtischen Bereich, oft auch nach Gründung einer Familie, wieder in den ländlichen Raum zurück. Dieses Zusammentreffen von Neubürgern und Alteingesessenen ist nicht immer unproblematisch und bleibt in aller Regel auch nicht ohne Auswirkungen auf die gewachsenen

Strukturen des dörflichen Zusammenlebens. Hier sind zweifellos Konflikte zu bewältigen, und wir sollten nicht blauäugig davon ausgehen, daß zwischen den alten und den neuen Dorfbewohnern immer nur eitel Sonnenschein herrscht. So ist in den einzelnen Beiträgen der Artikelserie „Bauern-Opfer" in der Süddeutschen Zeitung im Sommer 1987 sehr deutlich geworden, zu welchen Problemen das Zusammenleben von Menschen aus ganz unterschiedlichen Lebensbereichen in der Dorfgemeinschaft führen kann.

Andererseits stellt die Notwendigkeit dieser neuen Form des Zusammenlebens von Menschen aus dem städtischen und ländlichen Raum die Mitglieder der Dorfgemeinschaft aber auch vor eine wichtige neue Aufgabe. Wie eine Reihe von Fachuntersuchungen gezeigt haben, fällt auch diese weitgehend den Frauen zu: Sie werden allgemein als zuständig für die „soziale Balance" des Lebens auf dem Lande angesehen und haben hier zugleich das Neue einzugliedern wie auch das gewachsene, spezifisch Ländliche zu sichern und beides in eine Dorfgemeinschaft zu integrieren.

Wie ich im vorhergehenden nur recht knapp gezeigt habe, fallen den Landfrauen in Beruf, Familie und Gemeinschaft eine Vielzahl von wichtigen, zeitraubenden und aufwendigen Verpflichtungen und Aufgaben zu, die von ihnen seit langem mit großem Engagement wahrgenommen werden. Frauen im ländlichen Raum übernehmen soziale Verantwortung auch über Familie und Beruf hinaus und tragen wesentlich dazu bei, daß in unseren Dörfern heute noch ein Maß an Menschlichkeit und Mitmenschlichkeit vorhanden ist, das wir in anderen Bereichen oft vermissen. Wie sieht es nun angesichts dieser unbestreitbaren Leistungen der Landfrau und ihrer ebenso unbestreitbaren Überbelastung umgekehrt mit der Verantwortung aus, die insbesondere die Politik für die Landfrau zu übernehmen hat?

Die soziale Verantwortung von Gesellschaft und Politik für die Landfrauen

Sicherlich ist es keine allzu gewagte These, wenn ich behaupte, daß es in den vergangenen Jahrzehnten bei der Wahrnehmung der sozialen Verantwortung von Politik und Gesellschaft für die Landfrauen zum Teil schwerwiegende Versäumnisse gegeben hat. Wieviel hier versäumt worden ist, zeigen uns die Schwierigkeiten, auf die die Landfrauen in Beruf, Familie und Gemeinschaft immer wieder stoßen.

Schon im beruflichen Bereich liegt vieles im argen. Es fehlt im ländlichen Raum an Vollzeit-, mehr aber noch an Teilzeitarbeitsplätzen, die den Frauen erlauben würden, mehr Zeit für ihre vielfältigen Verpflichtungen in Familie und Dorfgemeinschaft zu finden. Ein ganz besonders dringliches Problem ist hier die Wiedereingliederung außerhäuslich erwerbstätiger Frauen in den Beruf, wenn diese nach Jahren der Erziehung ihrer Kinder und somit geleisteter Arbeit in der Familie wieder in ihren ehemaligen Beruf zurückkehren möchten. In vielen Fällen erweist sich dies als überaus schwierig.

Im familiären Bereich vermissen Frauen auf dem Lande oft genug in erreichbarer Nähe liegende Kindergärten und Kindertagesstätten. Die Frauen müssen auch – anders als im städtischen Bereich – oft lange Wege zu den Kinderbetreuungseinrichtungen wie zur Arbeit in Kauf nehmen. Die durch die Heimpflege stark belasteten Frauen erhalten bisher oft nicht einmal eine zeitweilige Entlastung von ihrer Pflegetätigkeit.

Da in diesen und anderen Problembereichen über lange Zeit hinweg staatliche Hilfe nicht zu erwarten waren, haben sich die Landfrauen hier schon früh auf das Prinzip der Selbsthilfe besonnen und z. B. Nachbarschaftshilfen bei der Kinderbetreuung oder auch bei Pflegefällen eingerichtet. So gibt es heute im Landkreis Unterallgäu eine weit ausgebaute und ausgezeichnet funktionierende bäuerliche Selbsthilfeorganisation mit Maschinenringen, Betriebshelfer- und Dorfhelferinnenstationen.

Ich habe solche Formen der Selbsthilfe immer begrüßt, da sie staatliches Handeln und insbesondere von oben verordnete staatliche Regelungen dort überflüssig machen, wo sich die Betroffenen meist selbst viel besser zu helfen wissen. Wir sprechen heute in vielen Bereichen der Politik so gerne vom Subsidiaritätsprinzip. Ich halte es für wichtig, auch einmal in aller Deutlichkeit auszusprechen, daß im ländlichen Raum und hier insbesondere von den Landfrauen solche Selbst- und Nächstenhilfe schon seit langem erfolgreich praktiziert wird.

So positiv und förderungswürdig solche Selbsthilfemaßnahmen auch sind, so darf der Staat sich dadurch doch nicht prinzipiell aus seiner sozialen Verantwortung für die Landfrauen entlassen fühlen – obwohl man gerade diesen Eindruck gewinnen muß, wenn man bedenkt, wie wenig in den vergangenen Jahrzehnten für die Frauen im ländlichen Raum getan worden ist. Nachdem lange Zeit im politischen Denken der ländliche Raum und hier insbesondere die Lage der Landfrauen keine große Rolle gespielt haben, haben wir in den letzten Jahren allerdings eine ganze Reihe von Gesetzesvorhaben verabschiedet bzw. geplant, die in ihren Auswirkungen insbesondere den Frauen auf dem Lande zugute kommen.

Ich nenne hier u. a. das Erziehungsgeld und den Erziehungsurlaub, die Anerkennung von Erziehungsleistungen in der gesetzlichen Rentenversicherung, aber auch die jetzt anstehende Reform der gesetzlichen Krankenversicherung.

Bei der eigenständigen Alterssicherung der Bäuerinnen ist durch die Anerkennung der Kindererziehungszeiten in der gesetzlichen Rentenversicherung eine wesentliche Verbesserung der Situation der Landfrauen gelungen. Da schon mit fünf Versicherungsjahren ein Altersruhegeld bezogen werden kann, erfüllen viele Bäuerinnen, die im Vergleich zur nichtlandwirtschaftlichen weiteren Bevölkerung im Durchschnitt mehr Kinder haben, allein aufgrund der Kindererziehungszeiten oder zusammen mit Zeiten der Ausbildung oder früherer Berufstätigkeit die Voraussetzungen für das Altersruhegeld. Für den Fall, daß die erforderlichen fünf Versicherungsjahre weder mit Erziehungszeiten noch mit Pflicht- oder Freiwilligenbeitragszeiten belegt sind, haben die Bäuerinnen die Möglichkeit, der gesetzlichen Rentenversicherung beizutreten und durch freiwillige Beitragsentrichtung die Voraussetzung für den Altersruhegeldbezug zu erfüllen.

Das Erziehungsjahr wird nur in der gesetzlichen Rentenversicherung angerechnet, nicht in der Altershilfe für Landwirte. Wegen des in der Altershilfe für Landwirte geltenden Grundsatzes der lückenlosen Beitragsentrichtung bis zum 60. Lebensjahr oder dem Eintritt der Erwerbsunfähigkeit wäre die Einführung eines Erziehungsjahres für die Bäuerin in der Altershilfe für Landwirte nicht sinnvoll gewesen, denn einzelne Beitragsjahre können hier nicht zu Leistungsansprüchen führen.

Am Beispiel der Reform der gesetzlichen Krankenversicherung wird die Wichtigkeit dieses Gesetzesvorhabens für Frauen im ländlichen Bereich besonders deutlich und kann zugleich zeigen, wie wesentlich es ist, sich bei staatlichen Hilfsmaßnahmen auf die Wünsche und Bedürfnisse der Betroffenen einzustellen. Bei der großen Pflegebelastung der Landfrauen würde es traditionellem Politikverständnis entsprechen, nun nach mehr Krankenhausplätzen und Pflegestationen auf dem Lande zu rufen. Dadurch würde jedoch gerade den Wünschen der Landfrauen entgegengewirkt, die überwiegend ihre Kranken und Pflegebedürftigen selbst betreuen möchten. Hier ist sicherlich der Weg erfolgversprechender und für die Landfrauen hilfreicher, den wir bei der Reform des Gesundheitswesens einschlagen. Dort wird erstmals die Möglichkeit vorgesehen, auch die häusliche Pflege kranker Menschen zu honorieren, wenn dadurch ein Krankenhausaufenthalt überflüssig wird. Eine weitere wichtige Unterstützungsmaßnahme der heimpflegenden Frauen ist die Bereitstellung von Pflegern, die bis zu 25 Pflegeeinheiten im Monat übernehmen und den Pflegenden einmal im Jahr einen vierwöchigen Erholungsurlaub ermöglichen. Auch bei Erkrankung der Pflegenden ist eine entsprechende Hilfe möglich.

Ich bin selbst der Ansicht, daß diese Maßnahmen – so wichtig sie an sich auch bereits sind – nur einen ersten Schritt in die richtige Richtung darstellen.

Zwar ist nicht alles, was notwendig und wünschenswert ist, zur Zeit finanziell durchsetzbar. Das kann mich jedoch nicht entmutigen, auch und gerade jetzt energisch auf die soziale Verantwortung von Politik und Gesellschaft für die Landfrauen hinzuweisen, für die es schon immer geheißen hat, daß dafür jetzt nicht die Zeit sei oder gerade jetzt das Geld nicht vorhanden ist.

Die von mir im Vorhergehenden genannten Gesetzesmaßnahmen betreffen keineswegs nur die Landfrauen, sind aber für sie besonders wichtig. Ich halte es allerdings für wesentlich, daß wir uns in der Frauenpolitik künftig noch stärker auf die spezifischen Belange und Probleme von Frauen auf dem Lande einstellen. Ich nenne hierzu einige Beispiele:

– Wie eine ganze Reihe einschlägiger Untersuchungen zeigt, scheinen Frauen im ländlichen Raume im besonderen Maße von Existenzängsten und -sorgen betroffen zu sein, was gerade bei der schwierigen Lage unserer Landwirtschaft insgesamt nur zu verständlich ist. Mir sind diese schweren psychischen Belastungen der Landfrauen um die eigene wie um die Zukunft ihrer Familien sehr bewußt, und ich sehe hierin ein besonders ernst zu nehmendes Problem.

– Weiterhin liegt offensichtlich bei Frauen auf dem Lande auch in besonderem Maße ein Gefühl vor, daß der private Bereich zu kurz kommt. Dies kann bei der oft extrem hohen Arbeitsbelastung nicht überraschen. Die mögliche Entlastung, die dabei das auf dem Land noch recht häufige Vorliegen eines Mehr-Generationen-Haushaltes bieten kann, hat nach übereinstimmenden Berichten neben vielen Licht- auch ihre Schattenseiten. Hier gibt es z.T. auch Spannungen und Meinungsverschiedenheiten innerhalb der Familien, wobei gerade die jungen Landfrauen bei den Älteren mitunter auf Verständnislosigkeit stoßen, da sie zum Beispiel von der Erziehung ihrer Kinder ganz andere Vorstellungen haben als die ältere Generation.

– Ein Bereich, in dem gerade für Bäuerinnen ganz besondere Probleme auftreten, sind Schwierigkeiten zwischen den Eheleuten bzw. gar Scheidungen. Zwar gibt es genaue gesetzliche Regelungen für diesen Fall, für Bäuerinnen ergeben sich hier jedoch besondere Schwierigkeiten. Schließlich kann der Bauernhof, der bisher von Mann und Frau gemeinsam bewirtschaftet worden ist, nicht so einfach aufgeteilt werden.

Mit diesen Bemerkungen will ich darauf hinweisen, daß es für die Landfrauen sehr spezifische Probleme gibt, die bisher zuwenig berücksichtigt und öffentlich kaum wahrgenommen worden sind. Es wird sehr sorgfältig abzuwägen sein, wo und wie sich in diesen und anderen Bereichen der Staat engagieren soll und wo den Betroffenen die Möglichkeit zur Selbsthilfe gegeben werden sollte.

Ich halte z. B. im beruflichen Bereich staatlich geförderte Wiedereingliederungsmaßnahmen für unverzichtbar, um Frauen die Rückkehr in den ursprünglichen Beruf wieder zu ermöglichen. Ein entsprechendes Programm, dessen Umsetzung in einzelnen Regionen zunächst erprobt werden soll, wird erarbeitet. Dagegen bin ich der Ansicht, daß bei den berichteten Existenzängsten oder auch bei Konflikten innerhalb der Mehr-Generationen-Familie der Staat möglichst außen vor zu bleiben hat. Er sollte hier auf die „Selbstregulierungskräfte in der Familie" vertrauen und nur dann unterstützend aktiv werden, wenn die Betroffenen selbst zum Beispiel in den Familienstationen auf dem Lande um Hilfe oder Rat bitten.

Unzweifelhaft ist für mich jedoch, daß die Landfrauen prinzipiell Anspruch auf solche Hilfen haben und überhaupt mehr Aufmerksamkeit für ihre Probleme beanspruchen können, als sie lange Zeit gefunden haben und im öffentlichen Bewußtsein bis heute weithin finden. Die Lage der Frauen im ländlichen Raum zu verbessern, stellt deshalb ein wesentliches Ziel der Familien- und Frauenpolitik der Bundesregierung dar und ich möchte hinzufügen, daß dies ein Problembereich ist, der mir auch ganz persönlich besonders am Herzen liegt.

In Bonn ist mir deshalb bereits nachgesagt worden, daß ich die Landfrauen zu meinem ganz besonderen „Stekkenpferd" gemacht hätte. Mich stört zwar diese zu unverbindliche Einordnung der Politik für Frauen auf dem Lande als „Steckenpferd"; es stimmt jedoch, daß ich die Probleme der Frauen im ländlichen Raum besonders ernst nehme und in diesem Bereich großen politischen Handlungsbedarf sehe.

Ich engagiere mich hier so sehr, weil die Landfrauen-Frage für mich in zugespitzter Form zeigt, wieviel in der allgemeinen Frauenfrage in unserer Gesellschaft noch zu tun bleibt. Bei allen erzielten Fortschritten scheinen mir generell bis heute die Leistungen von Frauen in unserer Gesellschaft nicht genügend anerkannt zu werden. In kaum einem anderen Lebensbereich werden sie jedoch so grob verkannt und unterschätzt wie im ländlichen Raum.

Es bleibt noch vieles zu tun

Wie sehr wir wohl alle hierbei noch von überkommenen Vorstellungen bestimmt sind, zeigt mir nicht nur die Politik der vergangenen Jahrzehnte oder auch die Berichterstattung in unseren überregionalen Medien, wo zwar regelmäßig über die Lage der deutschen Landwirtschaft, aber nur selten einmal über die Lage der Frauen im ländlichen Raum berichtet wird. Ein aufschlußreiches Beispiel solcher Ausblendung der Leistungen der Frauen im ländlichen Bereich habe ich auch im Landkreisbuch Unterallgäu 1987 gefunden, in dem ich mich über diese Region informiert habe. Dort finden sich die Sätze:

„Unsere … Unterallgäuer Landwirtschaft gibt für viele

Menschen ... einen reich gedeckten Tisch an Nahrungsmitteln. Ein Bauer ernährt heute mindestens 43 Menschen. Das ist eine gediegene Leistung für die Gemeinschaft, die ihrerseits wieder rückwirkend eine Gegenverantwortung auslösen sollte" (S. 468).

Ich halte hier insbesondere die Formulierung „Ein Bauer ernährt heute mindestens 43 Menschen" für bedenkenswert. Nach allem, was wir über den Alltag auf den Haupt- wie auf den Nebenerwerbshöfen wissen, ist es ein Unding, daß hier nur der Bauer und nicht wenigstens ebenso auch die Bäuerin genannt wird, die doch oft genug sogar die Hauptarbeit leistet. Dieser unauffällige Satz zeigt, wie vieles noch zu tun bleibt.

Ich kann dem Verfasser der zitierten Zeilen dagegen zustimmen, wenn er allgemein auf die „gediegenen" Leistungen in der Landwirtschaft hinweist und daraus eine „Gegenverantwortung" der Gemeinschaft ableitet.

Meine spezielle Forderung lautet dementsprechend:

Landfrauen erbringen in vielfacher Hinsicht in ganz unterschiedlichen Lebensbereichen unter großem Einsatz und schwerer körperlicher und seelischer Belastung mehr als nur „gediegene" Leistungen für die Gemeinschaft. Sie haben seit langem ein großes Maß sozialer Verantwortung wahrgenommen. Deshalb haben sie längst einen Anspruch auf gesellschaftliche Anerkennung ihrer Leistungen durch eine Politik, die sich ihrer „Gegenverantwortung" für die Landfrauen bewußt ist und entsprechend für die Frauen im ländlichen Raum eintritt.

Helfen statt Strafen – zum Abtreibungsprozeß in Memmingen

Hinweis: *Im „Memminger Abtreibungsprozeß" wurde der Arzt Dr. Horst Theissen 1988 wegen Vornahme zahlreicher illegaler Schwangerschaftsabbrüche vor dem Landgericht Memmingen angeklagt.*

Die Staatsanwaltschaft ermittelte auch gegenüber 100 Frauen, die bei Dr. Theissen einen Schwangerschaftsabbruch vornehmen ließen. Über 70 Frauen mußten vor dem Gericht als Zeuginnen auftreten und öffentlich über die Gründe ihres Schwangerschaftsabbruches Auskunft geben – ein Verfahren, das in der Bundesrepublik zu heftigen Diskussionen führte.

Der Deutsche Bundestag debattierte am 28. 9. 1988 und am 12. 5. 1989 über den Memminger Prozeß. Der hier abgedruckte Redebeitrag der damaligen Bundesministerin für Jugend, Familie, Frauen und Gesundheit, Rita Süssmuth, stammt aus der Debatte vom 28. 9. 1988.

(Am 5. 5. 1989 wurde Dr. Theissen in erster Instanz zu einer Gesamtstrafe von zweieinhalb Jahren Haft und drei Jahren Berufsverbot verurteilt. Gegen dieses Urteil haben sowohl Dr. Theissen als auch die Staatsanwaltschaft Memmingen Revision eingelegt.)

Memmingen ist ein bedrückender Zustand. Ich denke, es steht mir nicht an – ich werde es auch nicht tun –, in ein schwebendes Verfahren einzugreifen.

Aber es zeigt zugleich, wie wenig wir bis heute in der Lage sind, dieses Problem zu lösen. Memmingen mag für den einen heißen: Der Rechtsstaat funktioniert. Nur, das Problem ist damit nicht gelöst.

Ich kann hier nicht Stellung nehmen, ohne mich in die Lage der Frauen zu versetzen, aus deren Sicht es immer zugleich um beides geht, um ihre eigene Situation und die Situation des Kindes. Ich bitte uns alle darum, nicht ständig die einen gegen die anderen auszuspielen, sondern beide gemeinsam zu sehen.

Aus der Sicht beider geht es darum, daß wir auch dort, wo der Rechtsstaat tätig werden muß, sensibel und menschlich Recht durchsetzen.

Ich frage, ob unsere Strafprozeßordnung eine Abwicklung erforderlich macht, wie sie in Memmingen zutage tritt.

Nicht im Augenblick, aber wenn dieses Verfahren abgeschlossen ist, sind für mich an die Strafprozeßordnung eine Menge Fragen – möglicherweise mit entsprechendem Regelungsbedarf – zu richten.

Gegenwärtig läuft das Verfahren noch. Später allerdings bedürfen die Fragen, die heute aufgeworfen worden sind – sowohl die Frage nach dem Öffentlichmachen wie die Frage der Fragebogen –, einer Prüfung.

Es gilt, daß ich mich in ein laufendes Verfahren nicht einzumischen habe. Das nimmt nichts von meiner Bedrükkung und auch nichts von meiner Einschätzung, daß Dinge, die wir so abhandeln, dem Schutz des ungeborenen menschlichen Lebens aus meiner Sicht nicht weiterhelfen.

Ich gehe davon aus, daß die Reaktionen der Frauen bitterer werden. Nicht Angst führt zum Leben, sondern die Liebe zum Leben wird uns weiterbringen, und deswegen bleibe ich dabei. Ich propagiere nicht nur, wie Sie behaupten, Helfen statt Strafen, sondern dies ist zutiefst meine Überzeugung. Gerade der aktuelle Fall zeigt, wie wichtig es ist, daß nicht nur einige wenige, sondern alle Frauen und Männer hier im Parlament gleichermaßen für Situationen kämpfen, in denen Leben seelisch und materiell angenommen werden kann; denn beides gehört zusammen. Davon sind wir aber noch weit entfernt: Täglich erreichen mich Briefe – ich greife nur einen Bereich heraus – des Inhalts, daß in ländlichen Räumen ein drittes und ein viertes Kind angenommen wird, obwohl die wirtschaftliche Lage mehr als unzureichend ist.

Ich hoffe auf all diejenigen, die sich für den Schutz des ungeborenen Lebens einsetzen, und ich rechne auf unsere Abgeordneten, daß sie mich nicht allein lassen, wenn es um familienpolitische Leistungen geht, sei es im Rentenrecht oder im Familienlastenausgleich.

– Mir kann man den Vorwurf nicht machen, daß ich mich in diesem Bereich nicht mit allem Engagement einsetze und auch Unterstützung – wie es gerade im Rentenrecht deutlich geworden ist – dabei erfahre.

– Es geht hier um ein gemeinsames Engagement in den gleich wichtigen Bereichen Schutz des ungeborenen wie des geborenen Lebens.

In diesem Zusammenhang möchte ich einen weiteren Punkt ansprechen. Es wird erklärt, mit der Freistellung bei der Adoption sei dieses Problem zu lösen. Ich mache uns alle noch einmal darauf aufmerksam, daß eine Adoption, wo immer sie von Frauen als ultima ratio akzeptiert wird und notwendig ist, ein sehr schmerzvoller Prozeß ist. Diskriminieren wir Frauen nicht, die dies so entscheiden!

Aber gehen wir auch nicht davon aus, daß dies der Regelfall sein kann! Wir sind gerade dabei, auch bei der Leihmutterschaft und bei der heterologen Insemination, die Dinge kreuz und quer durcheinanderzuwerfen und zu sagen: Wir wollen das alles, weil man es nicht verbieten kann und schließlich gibt es doch noch die Adoption.

Ich möchte jeder Mutter und jedem Kind wünschen, daß sie miteinander leben können und daß nur in den Fällen, in denen dies nicht abwendbar ist, eine Adoption vorgenommen wird. Ich bleibe strikt dabei, daß auch nach der Geburt der Frau die Entscheidung über die Adoption offenstehen muß.

Das geht zwar leicht über die Lippen. Aber mir scheint es notwendig zu sein, daß diejenigen, die hier so vehement um Lösungen ringen, sich fragen müssen: Was läuft eigentlich dabei in den Frauen ab? Ich habe unlängst erlebt, daß die einen unglücklich waren nach einer Frühgeburt, die anderen, weil sie einen Abbruch hinter sich hatten. Bevor wir den ersten Stein werfen, sollten wir also überlegen, wie kompliziert die Lebenslagen sind und wie schwierig es ist zu urteilen. Ich gestehe jedem zu, der in sehr schwieriger Lage urteilen muß, daß er umfangreiche Recherchen anstellt. Aber ich wünschte, daß er dafür nicht im innersten Bereich der Menschen herumschnüffeln muß. Es ist für mich ein Unterschied, ob wir Steuertatsachen ermitteln oder in diesem Bereich menschlichen Lebens in die Intimität gehen müssen.

Es wird uns im letzten auch verwehrt sein, hier Antworten zu erhalten. Insofern fand ich sehr wichtig, was heute zur Demut gesagt wurde, zu dem, was wir nicht ermitteln können.

Deswegen bleibt für mich auch die notwendige Forderung, daß wir Frauen in schwerer Notlage von der Hilfe der Krankenkassenfinanzierung nicht ausschließen. Die bestehenden Rechtsgrundlagen müssen geltendes Recht bleiben. Insofern antworte ich noch einmal: Die geltende Rechtslage – so habe ich gesagt – wird nicht verändert.

Es bleibt dabei, daß gerade die jüngsten Vorgänge mir noch einmal zeigen: Wir lösen dieses Problem, sei es in Memmingen, sei es in Kiel oder in Lübeck, nicht durch Strafe, sondern wir müssen uns mit sehr viel mehr Tatkraft andere Wege einfallen lassen. Deswegen ist „Helfen statt Strafen" der richtige Grundsatz. Ich hoffe, wir wenden diesen Grundsatz auch an.

Die Frauen sollen in der Kirche reden – zur Situation der Frauen in der Kirche

„Die Geschichte der Menschheit und der Kirche lehrt uns, wie entscheidend es davon abhängt, daß die Frau die Gleichheit ihrer Würde und die Eigenart ihres Frauseins wahren, entfalten und in die Gestaltung von Gesellschaft und Kirche einbringen kann. Die Schöpfungs- und Erlösungsordnung verpflichtet die Kirche und alle Christen, sich mit ganzer Kraft für diese Aufgabe einzusetzen. Gerade in den tiefgreifenden Wandlungen unserer Epoche gehört die Stellung der Frau in Gesellschaft und Kirche zu den besonders drängenden Fragen und Problemen." (Die deutschen Bischöfe: Zu Fragen der Stellung der Frau in Kirche und Gesellschaft, 21. September 1981, S. 5.)

Hier haben Männer die „Stellung der Frau" zu den besonders drängenden Fragen und Problemen unserer Epoche erklärt, dazu noch Männer, denen manche Frau aus der Frauenbewegung dies gar nicht zutrauen würde: es waren die katholischen Bischöfe in einer Erklärung aus dem Jahre 1981.

In der Kirche wird diskutiert über die Aufgaben und über die Benachteiligungen von Frauen. Dies ist gut so, denn ich halte es für ein genuin christliches Anliegen, sich für die, die am Rande stehen, die übervorteilt oder mißachtet werden, die abgewertet und in ihrer Personenwürde verletzt werden, einzusetzen. Frauen machen in dieser Gesellschaft und in dieser Kirche immer wieder die Erfahrung, nicht ganz ernst genommen und nicht wirklich gehört zu werden.

Die Erfahrungen von Frauen in der Kirche heute

Welche Erfahrungen sammeln Frauen in der Kirche? Sicher erleben viele, daß sie sich in einer Gemeinde entfalten und ihre Kräfte für andere einsetzen können. Aber das ist nicht alles! Andere Erlebnisse sprengen oft gute Erfahrungen: Im Gottesdienst, am Altar treten Männer auf (selbst Meßdienerinnen sind ja vielerorts wieder „abgeschafft" worden), in der Liturgie ist von „Brüdern", vom „Vater" und „Herrn", seltener von den „Schwestern" und nie von der „Mutter" die Rede. Ich darf als Frau und Laiin nur deswegen auf der Kanzel stehen und sprechen, weil keine heilige Messe gefeiert wird. Bei den Aufgabenverteilungen in den Kirchengemeinden fallen Frauen die untergeordneten Tätigkeiten zu wie: die Säuberung und Pflege von Kirche und Gemeinderaum, die Sorge für Schwache und Hilfsbedürftige, das Sammeln des Caritas-Groschens, während Männer leichter und selbstverständlicher Leitungsämter innehaben, sich um die Führung und die Politik der Gemeinde bemühen. Sind Gemeindenachrichten in die Haushalte auszutragen, wird dies vornehmlich von den Frauen geleistet, soll ein Pfarrgemeinderatsvorsitzender gewählt werden, kommt am ehesten ein Mann in Frage. Die Mehrzahl der Kirchenbesucher sind Frauen. Predigten und Bibelauslegungen werden von Männern gehalten. Es mag sein, daß der Befehl „Das Weib schweige in der Kirche" gar nicht von Paulus stammt, wie einige Theologen glauben (vgl. 1 Kor 14,34). Durchgesetzt hat sich dieses Prinzip jedenfalls sehr zum Schaden der Kirche. Denn wenn die eine Hälfte der Christenheit zum Schweigen verurteilt ist, dann fehlt ein wichtiger Teil christlicher Erfahrung, der eigentlich allen Glaubenden zugute kommen könnte.

Auch in den kirchlichen Gemeinden sind Frauen nach wie vor unterrepräsentiert, selbst wenn sich schon viel in den letzten Jahren gebessert hat. Es geht dabei nicht darum, daß nun auch die Frauen in den Wettstreit mancher Männer um Posten eintreten wollen, sondern darum, daß die

Anliegen von Frauen untergehen werden und müssen, wenn sie sie nicht selber vortragen können. Soll eine Kirche die Augen vor den Belangen und Meinungen von Frauen schließen, eine Kirche, die die Frauenfrage zu den besonders drängenden Problemen unserer Epoche zählt?

Die Gleichheit von Männern und Frauen

Ergibt sich nicht gerade aus der christlichen Lehre vom Menschen, daß die Frau ebenso für das Reich Gottes berufen ist wie der Mann? Ist sie nicht gleichermaßen Christin, wie er Christ ist? Ist Christus gestorben und auferstanden nur für Männer? Oder gilt nicht doch der Satz aus dem dritten Kapitel des Briefes an die Galater, Verse 27 und 28: „Denn ihr alle, die ihr auf Christus getauft seid, habt Christus als Gewand angelegt. Es gibt nicht mehr Juden und Griechen, nicht Sklaven und Freie, nicht Mann und Frau; denn ihr alle seid ‚einer' in Christus Jesus?" Die Freiheit, von der die christliche Botschaft spricht, ist eine Freiheit für alle, für Männer und für Frauen.

Das Alte Testament spricht vom Menschen als „Abbild Gottes", und zwar als Mann und Frau. Beide also sind nach Gottes Bild geformt. Von Gott her sind sie gleich. Dies ist längst theologische Grundüberzeugung in allen Konfessionen. Aus ihr ergibt sich, daß die Frau in gleicher Weise wie der Mann Person ist. Was heißt das? Es heißt, weder der Mann noch die Frau sind Mittel zu irgendwelchen Zwekken. Ihre Würde tragen sie in sich, ihr Wert wird nicht vom Geschlecht bestimmt, auch nicht von der sozialen Achtung, die in einer Gesellschaft den beiden Geschlechtern entgegengebracht wird, sondern von der Tatsache her, daß Männer und Frauen gleichermaßen Geschöpfe und Ebenbilder Gottes sind.

Die Frau und der Mann sind in theologischem Verständnis zum Dienst am Leben berufen, als Mutter und Vater und/oder als Mensch, der sich für humane Bedingungen des Lebens einsetzt. Dieser Dienst am Leben gilt für beide Geschlechter gleichermaßen, ihm darf sich keiner von beiden entziehen. Wenn heute gerade junge Männer ihre Vaterpflichten ernster nehmen, als es früher der Fall war, dann erfüllen sie bewußt oder unbewußt ihre personale Berufung als Geschöpf, das für andere Geschöpfe sorgt. Der Dienst am Leben gilt im übrigen unabhängig von den konkreten sozialen und geschichtlichen Gegebenheiten einer Zeit und Gesellschaft. Jede Generation hat vielmehr die Aufgabe, ihn neu zu entdecken.

Vom Verständnis des Menschen als eines Geschöpfes her können wir auch begreifen, daß die personale Verwirklichung von Mann und Frau erst in Partnerschaft und Gefährtenschaft gelingen kann. Beide sind aufeinander angewiesen, in der Ehe, in der Berufsarbeit, im Glauben, in Freundschaften, im öffentlichen Leben. Damit das Leben von Männern und Frauen reicher wird, müssen sie sich aufeinander einlassen, müssen sie miteinander Wege suchen, um Gemeinsamkeiten aufzubauen, statt gegeneinander zu kämpfen. Aus christlicher Sicht hilft keine verkürzt und mißverstanden geübte Selbstverwirklichung weiter, sondern eine gemeinsame Entwicklung, die jedem seinen eigenen Raum läßt, die aber ebenso das Wachsen aneinander fördert. Der Schweizer Paartherapeut Jürg Willi spricht in diesem Zusammenhang von Koevolution, von der Entwicklung zweier Menschen, die in einem Dritten, einem gemeinsamen Wachsen, Erfüllung findet. Wenn ich hier Kritik übe, so ist sie in diesem Sinne gemeint: als Beitrag zur Koevolution von Männern und Frauen in der Kirche, als Beitrag, an dem sich andere reiben dürfen, damit wir voneinander lernen und in ein echtes Gespräch eintreten können.

Deswegen gleich eine Bemerkung am Rande: Ich halte es für auffällig, daß bei der Formulierung christlicher Anthropologie in der Theologie beinahe ausschließlich Männer beteiligt sind. Meines Erachtens werden wir nur dann zu neuen und vertieften Einsichten durchstoßen, wenn

Frauen zu Worte kommen. Daß an unseren Universitäten – ich denke nicht an die Fachhochschulen – nach wie vor kein katholisch-theologischer Lehrstuhl von einer Frau vertreten wird, halte ich angesichts der Notwendigkeit der Fortentwicklung einer christlichen Lehre vom Menschen für schlichtweg unvertretbar!

Die feministische Theologie – ein Gewinn für die Kirche

Dabei gibt es bereits Frauen, die sich als Frauen mit der Theologie auseinandersetzen und eine neue Form der Gottesgelehrtheit entwickelt haben: die feministischen Theologinnen. „Feministisch" heißen sie, weil sie Partei nehmen für die Frauen in der Kirche, weil sie als Frauen eine Theologie entwickeln und vertreten und weil sie eine Änderung des Geschlechterverhältnisses in der Kirche anstreben. Dies geht so weit, daß sie Theologie nicht am „ grünen Tisch", getrennt von der Frauenwirklichkeit, betreiben, sondern ganz bewußt im engen Austausch mit Frauengruppen. Sie nehmen Erfahrungen von Nicht-Theologinnen ausdrücklich mit in ihre Konzepte auf. Dahinter steht gerade nicht ein Angriff gegen irgendwelche Männerwelten, sondern der Versuch, einen erfahrungsorientierten und wirklichkeitsgemäßen Zugang zum Glauben zu schaffen.

Es ist schon atemberaubend, was diese Theologinnen bei ihrer Forschungsarbeit alles herausgefunden haben: Da stellten sie fest, daß es zu Anfang des Christentums Apostolinnen, weibliche Gemeindeleiter und Bischöfinnen gab; daß die Wertschätzung Christi gegenüber Frauen Wirkung auf den Umgang der Gemeinde mit der Frau hatte: sie war in jeder Beziehung gleichberechtigt und anerkannt; da Jesus Christus ein „ganzer Mensch" war, der alle seine Persönlichkeitsanteile lebte, gleichgültig, ob sie zu seiner Zeit als männliche oder weibliche Domäne galten; daß an vielen Stellen in der Bibel weibliche Symbole für Gott genutzt werden, zum Beispiel das Symbol der Glucke, die ihre Küken schützt; daß der sprachliche Ursprung der Bezeichnung für den Heiligen Geist, die „Ruach", in der hebräischen Sprache eine weibliche Wurzel besitzt, daß die Bibel eine Fülle von Frauengestalten vorstellt, die alle zu „Müttern des Glaubens" werden könnten und sollten.

Die Liste ließe sich noch fortführen. Was aber deutlich wird – wenigstens mir deutlich wird –, ist die Tatsache, daß die Suche von Frauen danach, wo sie in Glaube, Schrift und Tradition unverstellt vorkommen, erfolgreich gewesen ist. Feministische Theologie sollte auch von Männern als Bereicherung des Nachdenkens über und des Praktizierens von Glauben angesehen werden. Frauen wollen heute authentisch glauben können, sie wollen als Frauen glauben können. Wäre die Feministische Theologie nicht entwickelt worden, hätte die Kirche sicher noch mehr Frauen verloren. Bei aller notwendigen Kritik an ihr sollte also dies ganz deutlich gesehen werden.

Aufgaben der Kirche heute

An dieser Stelle will ich nun sagen, was ich selber über die Aufgaben der Kirche denke:

Ich glaube, daß Frauen in der Kirche ihre Erfahrungen als Mütter, ihre Verantwortlichkeit für die Gemeinde und ihr Streben nach gemeinsamem Lernen mit den Männern einbringen können. Die meisten Frauen sind Mütter. Sie wissen, was es heißt, ganz verantwortlich für das Leben eines anderen Menschen zu sein. Sie kennen das Glück, aber auch die Probleme mit Kindern. Sie wissen von den Schwierigkeiten, Erwerbstätigkeit und Familientätigkeit zu vereinbaren, sie erleben, wie mühsam und oft auch erfolglos der Versuch ist, den Glauben an die nachwachsende Generation weiterzureichen. Diese Erfahrungen machen eher Frauen als Männer. Sie sollten sie in das Gespräch in der Kirche einbringen. Sie sollten darauf bestehen, daß ihre Bedürfnisse als Mütter beachtet werden: Das beginnt bei der

Forderung nach häufigeren Familiengottesdiensten und der Toleranz von Kirchenbesuchern gegenüber Kleinkindern in der Messe, setzt sich fort über angemessenere Öffnungszeiten von kirchlichen Kindergärten und endet bei unserem Umgang mit Alleinerziehenden, Geschiedenen und Wiederverheirateten.

Frauen wollen jedoch nicht nur Leistungen von der Gemeinde einfordern, sie wünschen sich auch, selber Verantwortung in der Gemeinde zu tragen. Sie wollen ebenso wie die Männer in den drei Bereichen kirchlichen Handelns aktiv sein: in der Verkündigung der freimachenden Botschaft Jesu, im helfenden Dienst und im Leitungsamt. Um beim letzten Bereich zu bleiben: Genügt es tatsächlich, Frauen das Priestertum mit der Begründung zu verweigern: „Die Kirche hält sich aus Treue zum Vorbild ihres Herrn nicht dazu berechtigt, die Frauen zur Priesterweihe zuzulassen" (Verlautbarungen des Apostolischen Stuhls Nr. 3 vom 15. Oktober 1976, S. 5)?

Hanna-Renate Laurien fragt:

„Kennen Sie die Erfahrung, daß man einen Menschen achtet, liebt, verehrt und dann bis zum Rand zornerfüllt ist, weil er oder sie das eigene Maß nicht erfüllt, weil er oder sie so grenzenlos unter der Erwartung stehenbleibt? So geht es mir manchmal mit meiner geliebten Kirche. Sie hat die Menschenwürde des Armen, des Knechts, der Frau eingebracht, sie ist auch heute Anwalt von Freiheit und Gerechtigkeit gegenüber Diktaturen, und gerade sie wagt den Schritt zur Diakonin nicht" (Norbert Sommer, Hrsg.: „Nennt uns nicht Brüder!", Stuttgart 1985, S. 237).

Und sie formuliert weiter:

„Was für ein erniedrigendes Verständnis von Mensch, Glauben, Christentum steckte doch in der Anordnung, daß Frauen den Altarraum nicht betreten durften. Zum Putzen übrigens war es immer erlaubt. Maria steht nicht außerhalb des Tempels; sie stand unterm Kreuz und war im Pfingstsaal" (Ebd. S. 241).

Ich nehme die Sorgen und Vorbehalte unserer katholischen Kirche nicht auf die leichte Schulter. Aber auch mir erscheint es immer schwieriger einzusehen, wie man angesichts eines vertieften christlichen Verständnisses vom Menschen, wie ich es vorhin dargelegt habe, den Ausschluß der Frau vom Amt begründen will.

Voneinander lernen

Nicht nur in Fragen des Amtes müssen in der Kirche Männer und Frauen immer mehr miteinander und voneinander lernen. Wie kann das geschehen? Meines Erachtens sind drei Punkte wichtig, die dieses gemeinsame Lernen fördern: 1. Männer und Frauen in der Kirche müssen den Dialog suchen, die offene und ehrliche Begegnung, und sich dabei klarmachen, daß Begegnung immer beide Partner verändert, unweigerlich. 2. Männer und Frauen können nur in einen Dialog eintreten, wenn sie sich und ihre Anliegen gegenseitig achten. Jede Abwertung des oder der anderen wirkt sich fatal aus. 3. Es muß Raum für die Auseinandersetzung und notfalls die Konfrontation bleiben, ohne daß im Streit der Sieg über den Gegner gesucht wird; vielmehr soll am Ende die Versöhnung einen neuen gemeinsamen Entwicklungsschritt anzeigen.

In dieser gemeinsamen Lernbewegung können Frauen ihre Vision von einer frauenfreundlicheren Kirche deutlich machen. Die Präsidentin des Ökumenischen Rates der Kirchen, Marga Bührig, fordert:

„Ich möchte gerne in der ganz normalen Kirche vorkommen, ich möchte mich wiedererkennen, ich möchte zum Beispiel die Anrede „liebe Brüder" nicht mehr hören und mir dabei einbilden sollen, daß ich selbstverständlich mitgemeint sei. Ich möchte nicht immer nur von Vätern hören, sondern auch von Müttern bis hin zur Anrede Gottes. Warum gibt es nur einen Gott Abrahams und nicht einen Gott der Sarah?" (a. a. O. S. 219).

Und eine andere Frau, die wie ich im Bereich der Politik tätig ist, sagt zuversichtlich.

„Ich glaube, daß die Bereitschaft, die Frauen in einer mehr partnerschaftlichen Form aufzunehmen und ernst zu nehmen, in der Kirche wahrhaftiger ist als in der Politik. In der Politik spürt man doch immer wieder, daß zwar die angepaßte Frau mittlerweile willkommen ist, daß aber die irgendwie radikal als eine Frau tätig sein wollende Politikerin sehr lästig und sehr mühsam ist. Und der Prozeß der Ausgrenzung von mühseligen und schwierigen Frauen ist in der Politik viel spürbarer als in der Kirche.

Bei mir ist deshalb der Wunsch sehr stark, wenn ich dazu noch die Kraft und die Gesundheit habe, nach fast vierzig Jahren doch stärkeren politischen Engagements mein kirchliches Engagement nochmals zu verstärken. Ich habe das Gefühl, daß es jetzt im politischen Raum viele Frauen gibt, die in einer viel unbefangeneren, offensiveren Art weiter ihr Feld bestellen, als mir das noch möglich ist, während sich mir im Raum der Kirche mehr Möglichkeiten eröffnen als im Felde der Politik. Es kommt einfach hinzu, daß eine politische Partei vielleicht eine politische Heimat ist, daß aber das Gefühl der Geborgenheit und der Zugehörigkeit und der Unverlierbarkeit im Raum meiner Glaubensüberzeugung und im Raum der Kirche haltbarer, belastbarer ist, als das in der politischen Partei der Fall ist" (ebd., S. 100f.).

Diese ermutigenden Worte stammen von Hildegard Hamm-Brücher.

Frauen hegen tatsächlich noch Hoffnung, in der Kirche als Frauen angenommen zu werden, das Leben und die Form von Kirche mitgestalten zu können, eine neue, frauenfreundliche Phase in der Geschichte des Christentums einläuten zu können. Werden diese Hoffnungen enttäuscht werden?

Die neuen Möglichkeiten der Mitarbeit und Mitverantwortung von Frauen

Ich für meinen Teil nehme die Einladung der katholischen Bischöfe in ihrer Erklärung vom 21. September 1981 ernst, in deren Schlußwort sie schreiben:

„Der für unsere Epoche charakteristische Wandlungsprozeß der Stellung der Frau in Gesellschaft und Kirche – mit all seinen Chancen und Gefahren – ist in besonderer Weise eine Herausforderung für die Kirche und die christlichen Frauen in unserer Zeit. Wir Bischöfe sind uns bewußt, wie sehr die Gestaltung des christlichen Lebens im privaten wie öffentlichen Bereich von der Glaubensstärke und dem Engagement der Frauen abhängt. Wir danken allen Frauen dafür und möchten sie auffordern, alle neuen Möglichkeiten der Mitarbeit und Mitverantwortung in Kirche und Gesellschaft wahrzunehmen" (S. 28).

Wir – die Frauen – werden diese neuen Möglichkeiten wahrnehmen, wir werden sie nutzen, nicht gegen die Männer, sondern für uns, für unsere Kinder, für die Männer und schließlich für die Gesellschaft unserer Kirche. Die Zeit des Schweigens in der Kirche ist endgültig vorbei!

Aber nicht nur in der Kirche, auch in der Gesellschaft ist die Zeit des Schweigens für Frauen vorbei! Die Erfolge, die wir in den letzten Jahren erstritten haben, sind uns nicht mehr zu entwinden. Heute ist es nicht mehr denkbar, daß es noch einmal ein Bundeskabinett gibt, zu dem keine oder bloß eine Frau zählt. Auch in die Parlamente werden in Zukunft immer mehr statt weniger Frauen einziehen. In allen politischen und gewerkschaftlichen Organisationen haben die Frauen Strategien entworfen, um sich selber zu repräsentieren – und diese Strategien wirken bereits.

Oder denken Sie an die Frage des Berufslebens! Niemand kann mehr das Rad der Geschichte zurückdrehen und den Frauen sagen: „Kehrt wieder dorthin zurück, wo Ihr hergekommen seid! Verlaßt Eure Arbeitsplätze und macht Männern Platz!" Ganz im Gegenteil sehen immer mehr

Arbeitgeber ein, daß sie zukünftig kein erfolgreiches Management mehr ohne die Mitwirkung von Frauen an verantwortlicher Stelle gestalten können. Gewerkschaften wie Arbeitgeber beginnen auf Druck der Frauen umzudenken, was die Frage nach einer besseren Vereinbarkeit von Familie und Beruf angeht. Das betrifft die Bereitstellung von Teilzeitarbeitsplätzen ebenso wie Hilfen für rückkehrwillige Frauen nach der Familienphase und für die Gestaltung von Arbeitszeit und Arbeitsformen, die junge Mütter (und natürlich auch Väter) nicht benachteiligen.

Sicher bleibt noch viel zu tun, der Durchsetzungskampf ist beileibe noch nicht abgeschlossen. Aber wir Frauen sind nicht mehr ängstlich. Wir sind machtbewußt geworden und wollen unsere Macht nutzen. Doch verstehen wir „Macht" gerade nicht als Herrschaft über andere, als Kampfmittel gegen Männer oder als Ermächtigung des einen Geschlechtes über das andere, wie uns oft fälschlich vorgeworfen wird. Es geht vielmehr darum, Macht für die Durchsetzung einer menschenfreundlicheren, einer frauenfreundlicheren, einer kinderfreundlicheren Welt auszuüben. An allen Stellen der Gesellschaft wird sich zeigen, was geändert wird, wenn Frauen mitwirken.

Versuchen, dem Anspruch einer „Zivilisation der Liebe" gerecht zu werden

Entscheidend ist meines Erachtens, ob Frauen bereit sein werden, sich zu engagieren, zu kämpfen. Dies ist übrigens durchaus mit der christlichen Botschaft zusammenzubringen. Denn das Evangelium verlangt von uns nicht, die Hände in den Schoß zu legen und ängstlich in der Ecke zu sitzen. Es macht uns vielmehr Mut, für das einzutreten, was wir als richtig erkannt haben, wenn wir nur die Kraft, die wir entwickeln, dafür nutzen, eine „Zivilisation der Liebe" zu schaffen oder bei ihrer Errichtung mitzuhelfen. Ich bin Papst Johannes Paul II. bei seinem Deutschlandbesuch sehr dankbar gewesen, daß er erneut von der „Zivilisation der Liebe" gesprochen hat und damit verdeutlichte, was das Christentum möchte: Keine Macht über Menschen erobern, nicht zwei Klassen von Menschen errichten, sondern die Menschen so prägen, daß sie fähig werden zu Bindung, Liebe und zum Ende jeglicher Diskriminierung.

Daran – an diesem Anspruch der „Zivilisation der Liebe" – wird sich unsere Gesellschaft messen lassen müssen, daran muß sich aber auch unser Arbeitsleben messen, unser Familienleben, aber auch unser Leben in der Kirche.

Zum Schluß möchte ich einige Bitten an die Kirche, an Frauen und Männer in der Kirche richten:

1. Helfen Sie mit, daß Menschen für ihre Bindungen eintreten und ihre „Kämpfe" austragen können, etwa wenn Beziehungen, wenn Ehen gefährdet sind; verurteilen Sie Menschen nicht, wenn sie scheitern, sondern reichen sie ihnen eine helfende Hand. 2. Treten Sie für die Würde des Lebens ein, des kranken und alten Lebens, des geborenen und ungeborenen Lebens, aber auch für die Würde von Embryonen, die angesichts einer immer rascher sich entwickelnden Gentechnologie verlorengehen könnte. 3. Treten Sie entgegen, wenn in der Kirche und außerhalb der Kirche Frauen verachtet und schlecht gemacht werden. Argumentieren Sie für die Gleichberechtigung von Frauen – sie führt nicht zur Abwertung von Männern, sondern zur Aufwertung von Menschsein überhaupt. 4. Helfen Sie mit, unsere Gesellschaft wieder familien- und kinderfreundlicher zu machen. Treten Sie dafür ein, daß Familie und Kinder in Kirche und Staat zu den ganz zentralen Themen der nächsten Jahre gemacht werden. 5. In der oftmals hart geführten öffentlichen Diskussion um AIDS bitte ich Sie, Anwältinnen und Anwälte für die Schwachen, für die Kranken zu sein. Es geht nicht an, daß in der Kirche von der Krankheit als angeblicher Sündenstrafe Gottes geredet wird. Dies hat nichts mit Nächstenliebe zu tun. Menschen auszugrenzen heißt: Jesu Vorbild der Barmherzigkeit mit denen, die Barmherzigkeit brauchen, zu verachten. Für Christinnen

und Christen sollte es nicht ausreichen, über personale und soziale Treue zu reden – ein Wert, der für mich ganz hoch rangiert – und sie nicht gegenüber leidenden Menschen zu praktizieren. Die großartigen Leistungen vieler Krankenhausseelsorger, die in häufig selbstloser Weise AIDS-kranken Menschen Tag und Nacht beistehen, möchte ich hier ausdrücklich anerkennen! 6. Meine letzte Bitte: Behalten Sie Ihren Mut, verlassen Sie die Kirche nicht, trotz mancher Enttäuschungen, die gerade wir als Frauen zu erdulden haben. Lassen Sie uns vielmehr alle Chancen nutzen, die wir haben, und hartnäckig Überzeugungsarbeit leisten. Viele müssen noch begreifen, daß eine Kirche ohne Frauen keine Zukunft haben kann. Wir sollten ihnen zeigen: Wir – die Frauen in der Kirche – erträumen eine Zukunft, in der eine frauenfreundliche Kirche mithilft, eine menschenfreundliche Welt zu schaffen.

Unsere Sprache kann so nicht bleiben – vom gesetzlichen Ausschluß der Frauen

Es ist keine unwichtige, aber eigentlich eine höchst ärgerliche Debatte, die wir hier führen müssen. Es ist doch selbstverständlich, so, wie es auch das Grundgesetz vorsieht, daß in unserer Rechtssprache Männer und Frauen in gleicher Weise vorkommen. Wir haben doch längst die Zeit überwunden, wo sie öffentlich nicht dazugehörten. Oder gilt noch immer, daß ihr Ausschluß als rechtsfähige Personen im Recht selbst tief verankert ist? Deswegen muß ich sagen: Hier gibt es nichts Überflüssiges oder Perfektionistisches anzupacken, sondern längst Überfälliges. Da wir heute morgen offenbar auch Konsens in der Sache gefunden haben, daß keine Regelungen erwünscht sind, bei denen die Männer demnächst als weibliche Personen erscheinen, ist es nur zwingend, daß die weiblichen Personen auch als solche erscheinen. Ich wünschte mir, daß wir in Zukunft in bezug auf dieses Problem jene Sprachsensibilität entwickelten, die mir in sehr positiver Weise auch in unserer Fraktion entgegengeschlagen ist, als wir erste Berichte zur Fortpflanzungsmedizin mit einer in der Tat unmenschlichen Sprache entgegennahmen. Da hieß es sofort: Diese Sprache kann so nicht bleiben. Wenn es um Texte von Gesetzen, Verordnungen und Erlassen geht, scheint es mir an dieser sprachlichen Sensibilität und an Sprachklarheit erheblich zu fehlen. Die Weisung „Gesetze sollen klar, präzise und verständlich sein" überzeugt mich als Gegenargument überhaupt nicht. Dazu möchte ich zweierlei anmerken: Ich vermag nicht zu erkennen, wo die heutige Rechtssprache klar, präzise und verständlich ist. In den meisten Fällen fühlen sich Frauen nicht angesprochen. Das hat etwas mit ihrem tatsächlichen Rechtsstatus zu tun; sonst würde man es anders handhaben. Dort, wo es einen erklärten politischen Willen gibt, diese Dinge abzuändern, ist dies auch machbar. Ich habe weniger Angst vor Perfektionismus als vor der Frage, ob wir es wirklich in einer Form tun, die Frauen und Männern gerecht wird. Das meiste, was zu diesem Tatbestand vorgetragen wird, geht immer noch in Richtung der Frage „Wie können wir es am besten lächerlich machen?", nicht in Richtung der Frage, was uns an phantasievollen Regelungen einfällt. Ich nenne dafür rasch ein Beispiel. Als ich, noch nicht sehr lange im Amt, die Verordnung zum „Arzt im Praktikum" unterschreiben sollte, sagte ich: „Dies unterschreibe ich nicht; denn sie ist für Frauen und Männer nicht differenziert." Da hieß es: „Sie setzen Ihre ganze Reputation aufs Spiel, wenn Sie sich mit solchen Kleinigkeiten aufhalten." Dann fragte ich mich: „Wie kriege ich die bloß?" und suchte mir jene Stelle heraus, an der es heißt: „Wenn der Arzt im Praktikum schwanger wird, hat er Urlaub nach den Regelungen des Mutterschutzgesetzes, nach Inanspruchnahme des Erziehungsurlaubs kann er seine Ausbildung fortführen." Ich fragte, ob ich das wirklich unterschreiben sollte. Man sagte mir: „‚Arzt im Praktikum' ist eine geschlechtsneutrale Bezeichnung; das ist eine Institution." Ich antwortete: „Aber Institutionen werden aller Erfahrung nach nicht schwanger." Ich denke, an solchen Beispielen wird deutlich, wie wenig uns solche Verunklarungen und Verballhornungen stören, wenn sie ins übliche Schema passen. Betonen möchte ich allerdings auch, daß zwar der Antrag, alle bisherigen Gesetze zu verändern, plausibel ist und sehr leicht nachvollziehbar erscheint, daß es aber – das möchte ich dem entgegenhalten – um mehr als um den Austausch von Bezeichnungen geht. Wenn es nur dies wäre, wäre es ja relativ einfach. Das Problem ist aber, daß die ganze Logik der Rechtssprache verändert werden muß und daß alle Texte umformuliert werden müssen, wenn Ihrem Antrag (SPD, Grüne) Genüge getan werden soll. Deswegen betone ich: Wir müssen sehr sorgfältig prüfen, mit welchen Vorschlägen wir das für alle neuen Gesetze tun und wie wir die bestehenden abändern; denn dies ist wirklich ein enormer Aufwand, nicht nur eine technische Sache, die durchleuchtet werden muß. Es hieße, das Strafgesetzbuch und das Bürgerliche Gesetzbuch in großen Teilen neu zu schreiben.

Uns kommt es darauf an, daß bei den Berufsbezeichnungen sichergestellt ist, daß Frauen immer die weibliche Bezeichnung ihres Berufs führen können. Formulierungen, die unter Verwendung des Wortbildes „Mann" gebildet werden, müssen umformuliert werden. Insbesondere muß bei allem, was Wahlgesetze usw. anlangt, festgelegt werden, daß von „Personen" gesprochen wird statt etwa von „Wahlmännern". Da wir in anderen Bereichen so viel Phantasie haben, Probleme vernünftig zu lösen, bin ich davon überzeugt, daß wir das auch in diesem längst überfälligen Bereich schaffen werden.

Die geistige Führungskraft der Frauen – verkannt und doch genutzt

Die geistige Führungskraft von Frauen ist in Geschichte und Gegenwart schon immer von den einen beteuert und von den anderen bestritten worden.

Wie diametral sich diese gegensätzlichen Auffassungen im abendländischen Denken gegenüberstehen, zeigen uns die folgenden Zitate:

„Männlich und Weiblich verhält sich von Natur aus so zueinander, daß das eine das Bessere, das andere das Schlechtere und das eine das Herrschende und das andere das Dienende ist."

Sieht Aristoteles in der zitierten Aussage die Frau „von Natur aus" in allen Lebensbereichen durchgängig auf die dienende Funktion beschränkt, so vertritt Platon in seiner Politeia eine gegenteilige Auffassung von Wesen und den Fähigkeiten der Frauen, wenn er feststellt: „Mann und Weib haben also dieselbe Natur, vermöge der sie geschickt sind zur Staatsführung."

Dieser alte philosophische Streit um die Befähigung der Frauen zur Wahrnehmung von Führungsaufgaben hat in den vergangenen 3500 Jahren viele Wandlungen durchgemacht, jedoch nichts von seiner Brisanz verloren. Ob Frauen überhaupt Führungsqualitäten besitzen und inwiefern sie Führungsfunktionen gerecht werden können, ist heute kaum weniger strittig als damals. Allerdings werden in der Gegenwart die noch bestehenden Meinungsverschiedenheiten über diesen Aspekt weniger in der Öffentlichkeit als vielmehr hinter den Kulissen ausgetragen. Auch in unserer Gesellschaft liegt vieles im argen, was die Einschätzung der Führungsqualitäten von Frauen betrifft. Vieles von dem, was Frauen in Führungspositionen in Geschichte und Gegenwart geleistet haben, ist in der Geschichtsschreibung wie im öffentlichen Bewußtsein zu lange im Dunkeln geblieben. Ich möchte versuchen, einiges von den zu oft verkannten und doch immer wieder genutzten Führungsfähigkeiten der Frauen ins rechte Licht zu rücken.

Was bedeutet eigentlich „geistige Führungskraft"?

Wenn wir zunächst fragen, was eigentlich unter geistiger Führungskraft zu verstehen ist, zeigt sich, daß diese Führungskraft in vielen verschiedenen Lebens- und Arbeitsbereichen gefordert ist und doch in den einzelnen Bereichen recht Unterschiedliches meint. Geistige Führungskraft ist im politischen Feld ebenso unverzichtbar wie in der Wirtschaft, sie ist in der Wissenschaft ebenso gefordert wie im kulturellen Bereich oder in der Kirche. In jedem der genannten Gesellschaftsbereiche wird sie jedoch in verschiedener Weise gefordert und gestaltet. Die Ausübung geistiger Führungskraft im kirchlichen Bereich stellt sich z. B. ganz anders dar als in der Wissenschaft oder in der Politik.

Geistige Führungskraft und die Wahrnehmung einer Führungsfunktion setzen in allen genannten Bereichen nicht nur eine hohe Sachkompetenz, besondere organisatorische Fähigkeiten und ein hohes Maß an Verantwortungsfähigkeit für sich selbst und andere voraus. Schließlich macht schon der Begriff der geistigen Führung deutlich, daß eine spezifische Fähigkeit, Mitarbeiterinnen und Mitarbeiter zu führen, unverzichtbar ist. Wer nicht in der Lage ist, Mitarbeiter anzuleiten, auszubilden, mit ihnen zu kommunizieren, sie zu motivieren und ihnen gegenüber Fairneß und Gerechtigkeit zu praktizieren, wird grundlegenden Ansprüchen geistiger Führungskraft nicht gerecht, die sich freilich in den bisher genannten Aspekten noch keineswegs erschöpft. Geistige Führungskraft meint eben nicht nur solche interpersonellen Kriterien, sondern ebenso auch die individuelle Stärke des Gedankens, die Fähigkeit zur umfassenden Durchdringung eines Problems und gerade auch das Denken in Zusammenhängen. Insofern fordert geistige Führungskraft neben Vernunft, Ratio und Intellekt immer auch Sensibilität und Emotionalität. Schließlich beschränkt sich wirkliche geistige Führungskraft niemals ausschließlich auf den Bereich des Rein-Geistigen, des Abstrakt-Theoretischen, sondern ist immer handlungsbezogen und auf ihre Bewahrung im konkreten Handeln gerichtet. Führung sollten nur jene übernehmen, die bereit sind, Verantwortung in der Sache und zugleich für Menschen zu übernehmen. Verantwortungsbereitschaft muß einhergehen mit Entscheidungsfähigkeit. Geistige Führungskraft ist nur dort gegeben, wo Denken und Handeln wertbezogen erfolgen und diese Werte und Normen implizit oder explizit erkennbar sind. Aber zur Führung in demokratisch verfaßten Gesellschaften gehört ein kooperativer Führungsstil, der gekennzeichnet ist durch ein Führungsverständnis, das jedem im Team Führungskraft zutraut, abverlangt und zumutet. Ein autoritärer Führungsstil hebt Mitverantwortung auf, gestaltet sich streng hierarchisch, vernachlässigt oder verweigert Transparenz der mit der Führung verbundenen Entscheidungen. Die Mitarbeiter und Mitarbeiterinnen brauchen jedoch nachvollziehbare Begründungen. Mit jeder guten Führung sind Kontrolle, aber auch Teilung der Führungsaufgaben verbunden. Wer Führung übernimmt, braucht Vertrauen, ein Vertrauen, das positiv genutzt, allerdings auch mißbraucht werden kann.

Führung hat immer auch mit Macht zu tun, Macht im Sinne von Einfluß, Gestaltung und Entscheidung. Sie bezieht sich auf Dinge, Verfahren und Menschen. Auch hier kommt es darauf an, übertragene Macht im Dienst an der Aufgabe und damit am Menschen einzusetzen.

Führung setzt Persönlichkeiten voraus, die über mehr als Sach- und Organisationskompetenz verfügen. Gleich wichtig sind soziale und moralische Kompetenzen.

Führungsaufgaben zu übernehmen setzt hohe Leistungs- und Einsatzbereitschaft voraus. Dies bedeutet, sich selbst und andere zu fordern, aber auch zu fördern. Es beinhaltet Lust an Führungsaufgaben, Freude an Herausforderungen, aber auch die Bereitschaft zu Verzicht und Selbstdisziplin sowie Ausdauer und Belastbarkeit.

Bei meinem Definitionsversuch des Begriffs „geistige Führungskraft" habe ich bewußt geschlechtsneutral von allgemeinen Voraussetzungen zur Wahrnehmung von Führungsaufgaben gesprochen. Wenn wir jedoch betrachten, wie in unserer Gesellschaft gegenwärtig die Führungsfunktionen verteilt sind, wird ein krasses Mißverhältnis deutlich:

nur 3,6% der Führungspositionen in der Bundesrepublik Deutschland sind gegenwärtig mit Frauen besetzt, dagegen 96,4% mit Männern. Woran liegt dies? Fehlt es den Frauen in unserer Gesellschaft an den genannten Voraussetzungen zur Wahrnehmung von Führungsaufgaben in den unterschiedlichsten Gesellschaftsbereichen? Haben sie weniger Sachkompetenz als Männer, mangelt es ihnen durchweg an der Verantwortungsfähigkeit, an der geistigen Durchdringung von Problemen oder an der Durchsetzungsfähigkeit? Steht es um das Organisationstalent unserer Frauen schlechter als um das unserer Männer oder ist gar die Fähigkeit, Mitarbeiterinnen und Mitarbeiter zu führen, bei Frauen weniger gegeben als bei Männern? Die Tatsache, daß die Führungspositionen in den einzelnen Bereichen unserer Gesellschaft fast durchweg mit Männern besetzt sind, legt solche Fragen nahe. Wie also steht es um die geistige Führungskraft der Frauen? Haben Frauen überhaupt Führungsqualitäten? Kommt ihnen die Rolle der Führungsfunktion ebenfalls zu oder weisen sie in dieser Hinsicht gegenüber den Männern Defizite auf?

Meine These lautet: Wenngleich dies immer wieder verkannt und bestritten worden ist, verfügen Frauen über die gleiche Führungskraft und -kompetenz wie Männer. Ihre geistige Führungskraft mag in mancher Hinsicht anders sein, und ich werde später noch auf den Aspekt eingehen, daß Frauen ihre Führungskompetenz auch immer wieder auf andere Art und Weise ausüben. Ein prinzipielles Defizit gegenüber den Männern gibt es jedoch nicht. Die Unterschätzung der geistigen Führungskraft der Frauen seit Jahrtausenden ist vielmehr Folge eines hartnäckig gepflegten gesellschaftlichen Vorurteils und einer gesellschaftlichen Praxis, die dazu geführt hat, daß die Leistungen von Frauen in Führungsfunktionen in unserer Geschichte und Kultur fast durchgängig verkannt, unterschätzt und oft genug auch unterdrückt worden sind. Andererseits zeigt uns ein Blick auf die Historie, daß ungeachtet dieser Widerstände dennoch immer wieder die spezifischen Führungsfähigkeiten von Frauen nachgewiesen worden sind. Lassen Sie mich in folgendem anhand einiger Beispiele verdeutlichen, inwiefern die geistige Führungskraft der Frauen in Geschichte und Gegenwart zugleich verkannt und doch genutzt worden ist.

Zur Tradition der Verkennung weiblicher Führungsfähigkeiten

Überblickt man die abendländische Geschichte unter der Perspektive der Chancen von Frauen, Führungsfunktionen wahrzunehmen und ihre geistige Führungskraft zu nutzen, so muß man cum grano salis feststellen, daß ihnen diese Chance nur selten und in aller Regel nicht freiwillig eingeräumt worden ist: weder in der Kirchengeschichte noch im politischen Bereich, in der Wirtschaft oder in Kultur und Wissenschaft haben Frauen in angemessener Anzahl Führungsaufgaben übernehmen können. So zeigt die Kirchengeschichte, daß von Ausnahmen abgesehen, Frauen fast durchweg in einer untergeordneten Rolle geblieben sind, die im einseitigen theologischen Bild von der dienenden Maria besonders deutlich hervortritt. Der vielgenannte Vers aus dem Korinther-Brief: „Das Weib schweige in der

Kirche" (1 Kor 14,34) mag exegetisch umstritten sein; für die soziale Wirklichkeit der Kirchengeschichte ist er in vielen Phasen für die Frauen bittere Realität gewesen. Die gleiche Tendenz zur Fernhaltung der Frauen vom Zugang zu Führungsfunktionen läßt sich auch in anderen Bereichen nachweisen. So blieben Frauen jahrhundertelang von der Möglichkeit wissenschaftlicher Bildung ausgeschlossen: von Ausnahmen abgesehen, wurden sie erst zu Beginn des 20. Jahrhunderts zum Studium zugelassen. Bei dem Gedanken, daß Frauen gar im politischen Bereich Verantwortung übernehmen könnten, wurden schon immer Untergangsszenarien beschworen. Hier bilden Hegels bekannte Worte nur einen Beleg unter vielen:

„Stehen Frauen an der Spitze der Regierung, so ist der Staat in Gefahr, denn sie handeln nicht nach der Anforderung des Allgemeinen, sondern nach zufälliger Neigung und Meinung. Die Bildung der Frau geschieht, man weiß nicht wie, gleichsam aus der Atmosphäre des Vorurteils, mehr durch das Leben als durch das Erwerben und Kennenlernen, während der Mann seine Stellung mehr durch die Errungenschaft der Gedanken und durch viele technische Bemühungen erlangt."

Dieses Prometheus-Verständnis des Mannes, das, die Niederungen des Lebens verachtend, sich auf den Flügeln menschenverächtlichen Denkens davonschwingt, läßt die Verbundenheit mit den Menschen, mit dem Leben, mit dem Gefühl hinter sich, weil es sich geschworen hat, die Welt zu beherrschen und die „Sachen" in den Griff zu bekommen. Das Produkt eines solchen das Menschliche vernachlässigenden Denkens lautet „Technik statt Liebe", wie mir erst in diesen Tagen eine behinderte Frau erklärte.

In Hegels einseitigem Bild vom Wesen der Frau schwingt vieles mit, was in Deutschland insbesondere durch die Weimarer Klassiker Goethe und Schiller als ein vermeintlich überzeitlich gültiges Bild des typisch oder gar „Ewig-Weiblichen" propagiert worden ist. So werden in berühmt-berüchtigten Versen von Schiller die Frauen ausschließlich auf den familiären Bereich verwiesen. Die Frau „herrschet weise/im häuslichen Kreise", ist jedoch in jeder anderen Hinsicht dem Manne untergeordnet. Ein solches Verständnis vom Wesen und der vermeintlich naturgegebenen Bestimmung der Frau für den häuslichen Bereich hat wesentlich dazu beigetragen, daß die Führungsbefähigung der Frauen in allen anderen Feldern des gesellschaftlichen Lebens nachhaltig verkannt worden ist und zum Teil noch immer verkannt wird.

Zur Tradition des Nachweises weiblicher Führungskraft

Die Betrachtung der Historie belegt also eindeutig den weitgehenden Ausschluß der Frauen vom Führungsverantwortung und -funktionen. Treitschkes berühmtes Wort, daß Männer Geschichte machen, ist deshalb durchaus in einem doppelten Sinne gültig. Andererseits zeigt der Blick auf die Geschichte aber auch, daß die geistigen Führungskräfte der Frauen nicht durchweg unerkannt und ungenutzt geblieben sind. Wenn Euripides feststellt, „Viel Gutes kam doch schon von den Frauen", dann läßt sich diese Einschätzung in allen bereits genannten gesellschaftlichen Bereichen belegen. Ich möchte jedoch bewußt darauf verzichten, nun die immer wieder genannten Beispiele weiblicher Beiträge zur Kulturgeschichte ein weiteres Mal anzuführen und nur anmerken, daß z. B. die Kirchengeschichte neben der weitgehenden Ausgrenzung der Frauen von führenden Positionen eben auch Gegenbeispiele kennt. So hat Hildegard von Bingen als Nonne, Predigerin und theologische Denkerin die geistige Führungskraft der Frauen im religiösen Bereich nachdrücklich unter Beweis gestellt. Im politischen Feld ist als ein Beleg für die Befähigung zur Führung eines Staatswesens die Regierungszeit der englischen Königin Elisabeth I. im 16. Jahrhundert zu nennen. Auch an bedeutenden Beiträgen von Frauen zur Wissenschaft hat es seit ihrer Zulassung zur wissenschaftlichen Ausbildung nicht gefehlt. Ich nenne als Beleg für viele andere nur die Namen der Physikerin Marie Curie, der Anthropologin Margret Mead oder der Philosophin Simone de Beauvoir. Im kulturellen Bereich nehme ich exemplarisch nur die Namen der Dichterinnen Ingeborg Bachmann und Virginia Woolf. Lassen Sie mich beispielhaft drei weitere Bereiche anführen, in denen Frauen ihre Führungskraft unter Beweis gestellt und genutzt haben.

Durch die Jahrhunderte hatten Frauen in Kriegszeiten weitgehend männliche Führungsaufgaben mit übernommen. Sie wurden mit den Kindern allein gelassen, hatten für das materielle Wohl der Familie Sorge zu tragen, sprangen beruflich und öffentlich für die Männer ein. In Krisenzeiten wurden die Führungsfähigkeiten von Frauen stets genutzt, danach jeweils rasch vergessen. Ihre Leistungen kamen in der öffentlichen Geschichtsschreibung nicht vor.

Bekannt und quellenmäßig belegt sind die großen Leistungen von Frauen in der Kolonialzeit. Sie übernahmen nicht selten die Führung und hielten durch, wenn ihre Männer aufgeben wollten oder aufgegeben hatten. Vergleichbares wird berichtet von den Führungs- und Überlebensfähigkeiten von Frauen in Zeiten von Hungersnöten, Seuchen und Krankheiten. Was Frauen im Ersten und Zweiten Weltkrieg wie auch danach geleistet haben, wird erst in jüngster Zeit geschichtlich aufgearbeitet.

Zuerkannt wurden den Frauen immer schon hauswirtschaftliche, erzieherische und pflegerische Fähigkeiten. Aber dabei kam kaum einmal der Gedanke auf, es handle sich dabei um Führungsaufgaben. Das Naheliegende – Erziehung als Menschenführung – schied offenbar als weibliche Führungsqualität aus, obwohl auch diese ständig erwartet und gesellschaftlich genutzt wurde. Offenbar hatte Erziehung von Kindern und Jugendlichen allenfalls etwas mit Umgang, aber nicht mit Führung zu tun. Daß zur Erziehung Eigenständigkeit des Denkens, Eigeninitiative und höchst verantwortliches Handeln gehört, war offenbar in bezug auf weibliche Erziehungsarbeit nicht bewußt. Die Tatsache, daß die Tätigkeiten im Haushalt, in der Erziehung und in der Pflege lange Zeit als ungelernte Tätigkeiten galten, sagt Spezifisches aus über die Bewertung von Frauenarbeit.

Allzu lange wurde fälschlicherweise davon ausgegangen, Frauen seien weniger aktiv, bevorzugten unselbständige, zugewiesene Arbeit statt selbständiger Tätigkeit. Sie würden lieber in den assistierenden Diensten arbeiten, sie seien eher menschen- als sachorientiert, stärker familien- als berufsorientiert. Diese Vorurteile haben andererseits keineswegs verhindert, daß Frauen auch als Sekretärinnen, Krankenschwestern, Sozialpädagoginnen, als Lehrerinnen und Mütter ihre Führungsfähigkeit genutzt und bewiesen haben. Ich möchte mich bei der Erörterung der Nutzung der geistigen Führungskraft der Frauen im folgenden auf den wirtschaftlichen Bereich konzentrieren.

Auch im wirtschaftlichen Bereich haben Frauen im Verlaufe der Geschichte immer wieder ihre Kompetenz zur Wahrnehmung von Führungsverantwortung nachgewiesen. Dies belegen nicht nur die großen Leistungen erwerbstätiger Frauen innerhalb des Zunftwesens der mittelalterlichen Stadtgesellschaft. So haben z. B. in der Geschichte des Hauses Fugger Frauen zweimal die Führung des Unternehmens wahrgenommen – genauer: wahrnehmen müssen. Nach dem Tod des Großvaters von Jakob Fugger dem Reichen im Jahre 1409 setzte seine Witwe Elisabeth die Geschäftsführung der Weberei fort. Im Jahre 1469 übernahm nach dem Tod des Vaters Jakob Fugger I. dessen Witwe Barbara die Geschäftsführung, bis ihre noch unmündigen Söhne in das Geschäft eintreten konnten. In beiden Fällen ist belegt, daß die Geschäftsführung durch Frauen dem Hause Fugger nicht etwa geschadet, sondern im Gegenteil außerordentlich positive Auswirkungen gehabt hat. In einer Monographie zu Jakob Fugger II. heißt es über die Geschäftsführung seiner Mutter vielsagend: „Dem Geschäft stand sie umsichtig, energisch und erfolgreich so lange vor, bis die Söhne die Mutter von dem für eine Frau ungewöhnlichen Posten ablösen konnten."

Nicht nur in der Geschichte des Hauses Fugger haben jedoch die geistigen Führungsqualitäten von Frauen eine bedeutende Rolle gespielt. Anläßlich der erstmaligen Verleihung der vom Verband der Zeitschriftenverlage in Bayern gestifteten Jakob-Fugger-Medaille an eine Frau sollte nicht unerwähnt bleiben, welch bedeutende Rolle Frauen in der Entwicklung des Zeitschriften-, Druckerei- und Verlagswesens gespielt haben. Hier liegt eine Tradition seit dem späten Mittelalter vor, da es die Zunftordnungen in aller Regel gestatteten, daß Frauen beim Tode ihres Mannes die Werkstätten weiterführten. Hierfür gibt es im 14. und 15. Jahrhundert eine ganze Reihe von Beispielen, von denen nur der Name der Augsburger Druckerin Anna Rügerin genannt werden soll. Im 16., 17. und 18. Jahrhundert wird die Geschäftsführung von Druckereien und Verlagen häufiger durch verwitwete Frauen wahrgenommen. So wurde die helmstättische Universitätsdruckerei von 1755 bis 1795 von der Witwe Marie Elisabeth Schnorr geführt.

Bezüglich des Zeitschriftenwesens, zu dem Jakob Fugger II. mit den sogenannten Fugger-Zeitungen erste Anstöße geliefert hat, ergab sich im 18. Jahrhundert eine weitere Dimension der Einbeziehung von Frauen, als die Aufklärung insbesondere in den Moralischen Wochenschriften die Frauen als neue wichtige Lesergruppe entdeckte. Es ist allerdings bezeichnend, daß solch verstärkte Bemühungen um die Verbesserung der Bildung der Frauen zunächst fast durchweg von Männern unternommen wurden: So haben auch Goethe, Schiller und Wieland eine ganze Reihe von Beiträgen für Damenkalender und Zeitschriften für Frauen verfaßt bzw. diese selbst herausgegeben. Zeitschriften und Bücher von Frauen für Frauen gibt es in stärkerem Maße erst im 19. Jahrhundert. Hier haben engagierte Frauen der Romantik wie Sophie von La Roche und Rahel Varnhagen wichtige Anstöße geliefert. Trotz solch verbesserter Zugangsmöglichkeiten von Frauen zum

Verlags- und Zeitschriftenwesen zeigt dennoch gerade der Umgang mit dem Medium Zeitung, wie es um die Gleichberechtigung von Mann und Frau im Deutschland des 19. Jahrhunderts bestellt war. Ich zitiere die humorvolle Schilderung des gemeinsamen Frühstücks eines Ehepaars bei Wilhelm Busch, wo es heißt:

„Bei eines Strumpfes Bereitung
sitzt sie im Morgenhabit;
er liest in der Kölnischen Zeitung
und teilt ihr das Nötige mit."

Im 20. Jahrhundert haben Frauen verstärkt im Zeitschriften- und Verlagsbereich Akzente gesetzt: stellvertretend für viele andere soll hier nur der mit dem Insel-Verlag verknüpfte Name Katharina von Kippenberg genannt und auf die Leitung der Regensbergschen Buchhandlung durch Dr. Anna Lucas hingewiesen werden. Daß die Leistungen von Frauen im publizistischen Bereich stärker ins öffentliche Bewußtsein gerückt sind, zeigt nicht nur die heutige Premiere der Verleihung der Jakob-Fugger-Medaille an eine Frau. Ich erinnere auch daran, daß im vergangenen Jahr mit der Publizistin Gräfin Dönhoff erstmals einer Frau der Heinrich Heine Preis der Stadt Düsseldorf zuerkannt wurde und daß Namen wie Angelika Jahr, Roswitha Heyne oder Christa Spangenberg innerhalb und außerhalb der Zeitschriftenbranche einen guten Klang haben.

Es gibt also handfeste Belege und Beispiele dafür, daß Frauen im Zeitschriften- und Verlagswesen, aber auch darüber hinaus in allen gesellschaftlichen Feldern prinzipiell die gleiche Führungskompetenz und geistige Führungskraft zukommt wie Männern. Diese gleiche Befähigung der Frauen ist historisch gesehen lange Zeit verkannt worden. Nach Vorläufern in Antike und Mittelalter gibt es erst seit der Aufklärung in verstärktem Maße Ansätze, die geistige Führungskraft der Frauen zu nutzen – mit beträchtlichem Erfolg. Aus diesem im historischen Rückblick gewonnenen Erkenntnis leitet sich die Forderung ab, in unserer Gegenwart Frauen noch stärker an Führungsaufgaben und -funktionen zu beteiligen. Dabei geht es um mehr als um das theoretische Prinzip der Gleichberechtigung von Mann und Frau. Vielmehr liegt eine verstärkte Beteiligung der Frauen an Führungsaufgaben in allen Bereichen im Interesse unserer Gesellschaft insgesamt. Sie ist im Sinne einer Verbesserung der humanen und sozialen Qualität unseres Gemeinwesens dringend notwendig.

Die geistige Führungskraft der Frauen: eine dringend benötigte Ressource für die zukünftige Gestaltung unserer Gesellschaft

Das Meinungsforschungsinstitut Prognos hat kürzlich darauf hingewiesen, daß für die 90er Jahre in einem Mangel von 50000 führungsbegabten Menschen im deutschsprachigen Raum zu rechnen sei, bis zum Jahre 2000 gar 550000 Personen. Daß schon heute geeignete Führungspersönlichkeiten rar geworden sind, zeigte ein jüngster Bericht im „Spiegel", in dem deutlich wurde, wie hoch die Fluktuation in Führungspositionen der Wirtschaft bereits heute ist. Was hier für einen speziellen Bereich gilt, stellt ebenso ein generelles Problem dar.

Angesichts der „neuen Unübersichtlichkeit" (Habermas) unserer Gesellschaft, unserer Organisationen und Institutionen kann es nicht überraschen, daß neben dem Bedarf die Ansprüche an führungsbefähigte Persönlichkeiten wesentlich gestiegen sind. Zugleich deutet sich an, daß bisherige Führungsformen zunehmend in Frage gestellt werden. Die amerikanische Zeitschrift „Fortune" hat in einer Untersuchung zu den wichtigsten Eigenschaften des Managertyps der Vergangenheit Selbstbezogenheit, Härte, Rücksichtslosigkeit und Karriereorientierung ermittelt. Der Manager der Zukunft, der erfolgreicher zu führen vermag als sein Vorgänger, zeichnet sich dagegen durch ganz andere Qualitäten aus: Er behandelt Menschen nicht wie Maschinen, sondern gibt Mitarbeitern und Mitarbeiterinnen das

Gefühl, gebraucht zu werden, und ist insbesondere bereit, auch sich selbst und seine Entscheidungen in Zweifel ziehen zu lassen, wenn dies sachlich begründet ist. Die Fachzeitschrift „Wirtschaftswoche" hat ebenfalls auf dieses neue Rollenbild im Management hingewiesen: „Der Manager wird vom Inspirator, Disziplinator, Kontrolleur und Agitator zum Vorbild, Repräsentanten, Wertevermittler." Hierin werden ausdrücklich Tendenzen zu einer „Verweiblichung des Managements" gesehen, weil die zuletzt genannten Rollenerwartungen für Frauen in Führungspositionen zum einen leichter erfüllbar sind und zum anderen gerade von ihnen zunehmend in den Managementbereich eingeführt werden.

Was hier für den Bereich der Wirtschaft anklingt, läßt sich anhand einschlägiger Untersuchungen ebenso generell als ein Charakteristikum der Nutzung der spezifischen Führungsbefähigung von Frauen aufzeigen: Frauen neigen im Unterschied zu dem eher autoritär-selbstbezogenen Führungsstil von Männern stärker einem sozial-integrativen bzw. demokratischen Führungsstil zu. Sie besitzen oft eine höhere Motivationsfähigkeit und ein besseres Kommunikationsvermögen mit ihren Mitarbeitern. Ebenso sind bei Frauen in Führungsfunktionen Kreativität, Originalität und die Tendenz zum gesamtheitlichen Denken vorherrschend, wie sie auch in besonderer Weise soziale und humane Wertorientierungen vertreten und vermitteln. Ich möchte allerdings davor warnen, aus solchen Untersuchungsergebnissen Geschlechtsstereotypen abzuleiten. Zweifellos sind z. B. Kreativität und Originalität nicht einseitig Frauen zuzuordnen, ebenso wie umgekehrt autoritäre Führungsstile keineswegs ausschließlich bei Männern in Führungsfunktionen vorzufinden sind. Es kann auch nicht darum gehen, nun den einen Führungsstil generell durch den anderen ersetzen zu wollen: beide haben Vorzüge und Nachteile. Viel zu oft wird allerdings bei der Diskussion der spezifischen Führungsbefähigung von Frauen und Männern vergessen, daß es hier nicht um Gegensätze, sondern um Partnerschaft geht, um die wechselseitige Ergänzung und sinnvolle Verbindung männlicher und weiblicher Führungsbefähigungen. Daran hat es allerdings viel zu lange gefehlt – auch im Zeitschriften- und Verlagswesen, wo trotz der genannten Beispiele für Frauen in Führungspositionen laut „Journalisten-Jahrbuch 1987" immer noch nur jeder 7. Chefredakteur eine Chefredakteurin ist und auch die Mehrzahl der „Frauenzeitschriften" immer noch von Männern geführt werden. Nur wenn in allen Lebensbereichen auch die Lebenserfahrung und die geistige Führungskraft von Frauen genutzt werden, können in den Führungspositionen unserer Gesellschaft Entscheidungen herbeigeführt werden, die den Interessen von Männern und Frauen gleichermaßen gerecht werden.

Dies gilt keineswegs nur für den wirtschaftlichen Bereich. Viel zu lange ist auch bei politischen Gestaltungsprozessen die spezifische Lebenserfahrung von Frauen ausgeblendet gewesen. Zweifellos wären im sozialen Wohnungsbau, aber auch in der Städteplanung in den 50er und 60er Jahren viele Fehler nicht gemacht worden, die uns zum Teil bis heute erhebliche Probleme bereiten. Frauen hätten berücksichtigt, daß das Kinderzimmer keinesfalls das kleinste Zimmer der Wohnung sein darf und sie hätten ebenso gewußt, daß die Küche sinnvollerweise nicht das zweitkleinste Zimmer der Wohnung sein sollte. Ebenso wäre im Städtebau die Verteilung von Kindergärten und Kinderbetreuungsstätten unter angemessener Einbeziehung von Frauen sicherlich sinnvoller erfolgt, als dies in vielen Fällen im nachhinein festzustellen ist. Ein drittes Beispiel bildet der Bereich der Betreuung alter oder behinderter Menschen. Auch hier wären in der Frage der alten- bzw. behindertengerechten Ausstattung von Wohnungen, aber auch öffentlichen Gebäuden, viele Fehler vermieden worden, wenn Frauen das ihnen zukommende Wort mitzureden gehabt hätten.

Wie nicht nur diese Beispiele zeigen, geht es also um mehr als um die abstrakte Forderung nach Gleichberechtigung und Gleichbeteiligung von Frauen auch an den Führungsfunktionen unserer Gesellschaft. Frauen wesentlich stärker als bisher an Führungsaufgaben zu beteiligen liegt im Interesse der sozialen und humanen Qualität unserer Gesellschaft insgesamt. Die Ressource der zu lange verkannten Führungskompetenz von Frauen wird also zukünftig noch wesentlich mehr zu nutzen sein, um gerade auch den angesprochenen hohen Bedarf an Führungspersönlichkeiten decken zu können. Um Frauen die Chance zu geben, solche Führungsaufgaben wahrzunehmen, gilt es allerdings nicht nur die latente Unterschätzung der weiblichen Führungsbefähigung abzubauen und verstärkt Frauenförderung auch in Führungspositionen zu betreiben. Hier ist ebenso das Problem der Vereinbarkeit von Familie und Beruf einzubeziehen, um auch bei Frauen in Leitungspositionen die Phase der Familientätigkeit nicht zum beruflichen Nachteil werden zu lassen. Die schließt die Forderung nach ausreichenden Kinderbetreuungsmöglichkeiten ebenso ein wie die Möglichkeit beruflicher Weiterbildung während der Unterbrechungsphase. Nur wenn auch diese Rahmenbedingungen in ausreichendem Maße gegeben sind, wird es möglich sein, den erhöhten Bedarf an Führungspersönlichkeiten in allen Bereichen gesellschaftlichen Handelns durch die verstärkte Integration von Frauen in Führungsfunktionen zu decken. Insofern wäre es auch hier fatal, familiäre Anforderungen und Berufstätigkeit gegeneinander ausspielen zu wollen. Nur wenn beides in angemessener Weise in den einzelnen Lebensphasen wahrgenommen und miteinander verbunden werden kann, wird es uns möglich sein, die Ressource des geistigen Führungspotentials der Frauen für die Gestaltung gesellschaftlicher und sozialer Prozesse nutzbar zu machen.

In den Statuten für die Verleihung der Jakob-Fugger-Medaille heißt es, daß „moderne Leitbilder mit der ihnen innewohnenden moralischen Kraft verbindliche Maßstäbe zu setzen vermögen". Sie, verehrte Frau Aenne Burda, sind ein solches Leitbild. Ich hoffe, daß Ihr Beispiel vielen anderen Frauen Ermutigung ist, Ihrem Vorbild zu folgen – einem Vorbild, das auch zeigt, daß die Frauen nicht aufhören dürfen, sich für ihre Rechte einzusetzen, ihre gleichberechtigte Beteiligung in allen Lebensbereichen durchzusetzen und sich für die Einbeziehung ihrer spezifischen Begabungen und Fähigkeiten in unserer Gesellschaft zu engagieren. Der Blick auf die Geschichte belegt auch, daß die Frauen ihre Rechte niemals freiwillig zugesprochen bekamen, sondern sie immer erst durchsetzen mußten. Dies gilt nach wie vor, und deshalb sollen und müssen die Frauen auch weiterhin für die notwendigen Veränderungen in unseren Gesellschaftsstrukturen kämpfen, denn wenn wir aufhören zu kämpfen, bewegen wir auch nichts mehr.

Frauen, Christentum und Kirche – eine besondere Spannung

Das Verhältnis der Kirche zu den Frauen stellt sich in den letzten Jahren mehr und mehr als ein Spannungsverhältnis dar, als eines, das von Kontroversen und Konflikten, von Widersprüchen und Friktionen gekennzeichnet ist.

Da ist die Rede von einer Männerkirche, einer Kirche, in der Frauen keinen Platz haben, in der alle Entscheidungen in der Hand von Männern liegen. Dabei ist das, was wir – jedenfalls in unserem Land – von der Kirche vor Ort wahrnehmen, alles andere als eine von Männern geprägte Kirche. Unter den aktiven Gläubigen stellen die Frauen eindeutig die Mehrheit. Sie bilden die Mehrzahl der Gottesdienstbesucher, sie leisten den Großteil der ehrenamtlichen Arbeit in den Gemeinden. Sie nehmen ganz überwiegend die Katechese vor Ort wahr. Ihnen gegenüber steht allenfalls eine zunehmend geringer werdende Zahl von Priestern. Kirchliches Alltagsleben jedenfalls ist weiblich geprägt. Erst auf höheren Ebenen, dort, wo Verantwortung und Leitungsfunktionen zu vergeben sind, wo Ämter und Hierarchien eine Rolle spielen, stellt sich die Kirche als eine männliche dar.

Viele Frauen erfahren diese Situation, die ja keineswegs eine typisch kirchliche ist, zunehmend als eine Belastung für ihr Verhältnis zum Glauben. Sie fühlen sich in der Kirche nicht ernst genommen und nicht selten ausgenutzt. Ihre Hoffnungen auf Veränderungen haben sich bisher nicht erfüllt. Sie sehen in der Kirche keine wirklichen Fortschritte, während es anderswo – im beruflichen , im gesellschaftlichen, im politischen Bereich – doch wenigstens erkennbar vorangeht.

Folgen enttäuschter Hoffnungen

Nicht nur im politischen Bereich sind Frauen inzwischen sensibler geworden für die vielen subtilen Formen der Unterdrückung und Abwertung von Frauen, die nicht zuletzt auch im Medium der Sprache zum Ausdruck kommen. Als eine Religion, die wie keine andere auf das Wort, auf die Sprache und Offenbarung aufbaut, vermissen die Frauen ein Reden über Gott, das ihre weibliche Erfahrungsweise einbezieht. Sie erkennen in der Theologie eine nahezu ausschließlich von Männern geprägte Wissenschaft, deren Tradition bis zurück zu den Kirchenvätern eher eine grundsätzliche Abwertung der Frau als ihre Gleichwertigkeit mit dem Mann widerzuspiegeln scheint. Es sind deshalb gerade die an der Theologie besonders interessierten Frauen, die ihren eigenen Glauben, ihre Bereitschaft, in der Kirche mitzuarbeiten, in einem Widerspruch sehen zu ihrer eigenen Existenz als Frau.

Viele von ihnen sind längst nicht mehr bereit hinzunehmen, daß die Frau in der Kirche zu schweigen habe. Sie verlangen nach einer vollen Teilhabe an allen innerkirchlichen Funktionen, auch am Priesteramt. Die Auseinandersetzung um dieses Problem ist vielleicht nicht neu, hat aber in den letzten Jahren doch an Schärfe zugenommen, nachdem die Hoffnungen, die viele Frauen nach dem II. Vatikanischen Konzil entwickelt hatten, auf breiter Front enttäuscht wurden. Dabei ist die Zahl der Frauen, die sich im Konflikt mit der Kirche befinden, meines Erachtens noch nicht einmal der schärfste Ausdruck für das Spannungsverhältnis zwischen Frauen und Kirche. Immer mehr – gerade junge Frauen – haben sich gänzlich aus der Kirche zurückgezogen, weil sie sich in ihr nicht zu Hause fühlen können. Vor allem die selbstbewußten, beruflich und gesellschaftlich engagierten jungen Frauen wenden sich von der Kirche ab, auch wenn sie dem Religiösen oft sehr verbunden sind.

Kirche und Frauen – Worin besteht das besondere Spannungsverhältnis? Die Erfahrungen, die Frauen in der Geschichte mit Kirche gemacht haben, sind sehr verschiedenartig. Ich will dazu einige Anmerkungen vorausschicken, ehe ich der Frage nachgehe, welchen Stellenwert die Kirche heute den Frauen beimißt, wie sie die Rolle der Frauen theologisch beschreibt und welche gesellschaftlichen und innerkirchlichen Konsequenzen sie daraus zieht.

Die Anfänge des Christentums: eine Hoffnung für Frauen

Ein Blick in die Apostelgeschichte führt uns eine Kirche vor Augen, in der Frauen in den Gemeinden eine maßgebliche Rolle gespielt haben. Dies ist ein bemerkenswertes Phänomen, weil die Frauen in der antiken Welt keineswegs eine gleichberechtigte gesellschaftliche Stellung innehatten. Nach römischem Rechtsverständnis war die Frau – ebenso wie die unmündigen Kinder – der Autorität des männlichen Familienoberhauptes vollständig unterworfen. Trotz dieser eingeengten Rahmenbedingungen gelangten in der Spätantike immer mehr Frauen, vor allem in den vornehmen Familien des Römischen Reiches, zu Einfluß, Bildung und Ansehen. Manche von ihnen spielten auch öffentlich eine Rolle, was in einer Gesellschaft, die die Frauen ausschließlich auf das Haus verwies, eine beträchtliche Veränderung darstellte. Die religiösen Bedürfnisse dieser Frauen wurden allerdings weder von der römischen Religion noch von den in der Spätantike aufkommenden heidnischen Erlösungskulten befriedigt. Sie waren insgesamt Männerreligionen, die keinen Platz für Frauen boten. Anders das Christentum, das sich an Männer wie an Frauen wandte und ihnen gleiche Chancen auf Erlösung, auf Teilhabe am Reich Gottes verhieß. So waren es vor allem die selbstbewußten Frauen der römischen Oberschicht, die das Christentum aufnahmen und weiterverbreiteten. Ohne ihre Unterstützung wäre der Siegeszug des Christentums in der antiken Welt undenkbar gewesen. Wir kennen viele Namen dieser Frauen sowohl aus der Apostelgeschichte und den Apostelbriefen als auch aus den frühen Märtyrerakten und ähnlichen Dokumenten. Die maßgebliche Rolle dieser Frauen hatte bis in die Frühphase der Herausbildung des kirchlichen Amtes Bestand: Frauen waren immerhin als Diakonissen tätig.

Es hat allerdings nicht lange gedauert, bis die Frauen im Gemeindeleben in den Hintergrund zurückgedrängt wurden. Dies hängt unter anderem mit den Veränderungen zusammen, die die Durchsetzung des Christentums als Staatsreligion mit sich brachte. Eine Religion für alle war der allgemein vorherrschenden Mentalität auch in bezug auf die Einschätzung der Frauen viel stärker ausgesetzt als eine kleine Gruppe von Christen, die sich hohen Idealen verpflichtet wußte und mit ihrer alltäglichen Umwelt gebrochen hatte.

Nach dem Untergang des Römischen Reiches wurde Europa schließlich durch die Mentalität der germanischen Stämme geprägt, die in der Völkerwanderungszeit West- und Mitteleuropa beherrscht haben. Die Stellung der Frau in diesen Gesellschaften war keineswegs besser als im römischen Imperium. Die Frau galt nur soviel wie ihr Reproduktionsvermögen. Solange sie Kinder bekommen konnte, stellte sie in der Familie einen Wert dar, der auch ökonomisch bestimmt werden konnte. Vor und nach der fruchtbaren Phase galt sie dagegen wenig, wie man an den unterschiedlichen Bußleistungen erkennen kann, die für die Verletzung oder Tötung von Frauen in frühmittelalterlichen Bußbüchern verlangt werden.

Das Christentum hat in diesem gesellschaftlichen Rahmen einen wesentlichen Beitrag zur Aufwertung der Frau geleistet, weil es den Wert eines Menschen unabhängig von dessen biologischer Funktion bemaß. Daß eine Frau sich mit religiöser Billigung sogar dem Zwang zur Ehe und zum

Kinderhaben entziehen konnte, daß ein Leben ohne Ehe nach christlicher Vorstellung ein vollwertiges, ja ein heiliges Leben sein konnte, hat die Gleichstellung der Frau entscheidend beflügelt. Die hohe Attraktivität klösterlicher Lebensformen für Frauen im Mittelalter hat ihre Ursache auch in dem hohen Maß von Selbstbestimmung und Aufwertung, das die Frauen hier erfuhren. Die religiösen Bewegungen des Hochmittelalters wurden entscheidend von den Frauen mitgetragen. Unter ihnen entwickelte sich eine neue Frömmigkeit, die ihren Ausdruck nicht mehr im großen liturgischen Zeremoniell, sondern in der individuellen Spiritualität findet. Die Impulse, die hier freigesetzt werden, kann die Kirche nur zu einem Teil auffangen: viele religiös engagierte Frauen finden sich mehr oder weniger unfreiwillig in der Ketzerei wieder.

Negative Deutungen der Frau und des Weiblichen in der Geschichte der Theologie und der Kirche

Während das Christentum im Mittelalter für die Frauen in der Gesellschaft eine sehr positive Wirkung entfaltet hat, findet zugleich im Innern der Kirche eine ambivalente Entwicklung statt. Schon in der Spätantike taucht mit dem Eindringen dualistischer Vorstellungen ins Christentum eine Abwertung der Frau auf, die bis in die Gegenwart hinein weiterwirkt. Danach ist die Frau für denjenigen, der sich Gott zuwendet und von allem Weltlichen Abstand nimmt, die Versuchung zum Fleischlichen, ja die Sünde selbst, von der sich ein Mann fernhalten muß, wenn er ein gottgefälliges Leben führen will. Eva als Verführerin Adams wird zum Symbol für die Rolle, die der Frau zugemessen wird: Die Frau soll dem Bösen näher stehen als der Mann, ja manche Theologen gestehen ihr nur eine geringere Seinsqualität als dem Mann zu. Man muß sich allerdings bei der Beurteilung dieser theologischen Strömungen vor Augen halten, daß die Abwertung der Frau hier das Produkt einer allgemeinen

Leibfeindlichkeit darstellt, die letztlich auch die Körperlichkeit des Mannes ablehnt. Die Abwertung der Frau ist hier die Folge, nicht Ursache.

Dualistische Vorstellungen haben in der Kirchengeschichte immer wieder einmal eine Rolle gespielt, aber sie haben doch die Frohe Botschaft nicht übertönen können, die in der Zusage der Erlösung für beide – Mann und Frau als gleiche Kinder Gottes – begründet liegt. Ebenso wie die Menschenrechte letztlich nicht zu verstehen sind ohne die christliche Vorstellung von der Gleichheit aller Menschen vor Gott, so kommt auch der Gedanke der Gleichberechtigung von Mann und Frau zutiefst aus der christlichen Tradition. Trotz aller abwertenden Äußerungen – über die Kirchenväter und Thomas von Aquin bis hin zur Gegenwart: Dieser Gedanke ist in der Kirche nie verlorengegangen. Dennoch finden wir immer wieder Belege dafür, daß in der Praxis die Frau innerhalb der Kirche oftmals ausgeschlossen wurde, wo Männer zugelassen waren, so zum Beispiel in der bis heute gültigen Norm des Kirchenrechts, nach der eine Frau sich im allgemeinen nicht im Altarraum aufhalten darf, womit der Dienst von Meßdienerinnen vom Grundsatz her in Frage gestellt ist. Dahinter steckt die Vorstellung, daß die Frau weniger würdig sei als ein Mann, dem Heiligsten nahe zu kommen. Die Zulassung der Frau zum Priesteramt ist noch vor nicht allzu langer Zeit mit diesem Argument abgelehnt worden.

Die Enzyklika Mulieris dignitatem

Wenn wir nach dem Stellenwert fragen, den die Kirche heute ihren weiblichen Mitgliedern beimißt, so können wir uns zunächst auf die *Enzyklika Mulieris dignitatem* beziehen, die Papst Johannes Paul II. am 28. September 1988 veröffentlicht hat. Die Deutsche Bischofskonferenz hatte schon 1981 eine Verlautbarung zu Fragen der Stellung der Frau in Kirche und Gesellschaft herausgegeben. Bischof

Lehmann hat bei der Eröffnung der diesjährigen Herbstvollversammlung in Fulda dazu erneut grundsätzliche Ausführungen gemacht. Lassen Sie mich im folgenden dazu Stellung nehmen:

Johannes Paul II. hat für seine Enzyklika die Form einer Meditation gewählt. Dies enthebt ihn der Verpflichtung, das Thema, wie dies bei anderen päpstlichen Lehrschreiben dieser Art üblich ist, auch historisch aufzuarbeiten, indem die Lehre der Kirche zu einem bestimmten Thema zunächst in ihrer Entwicklung dargestellt wird. Dies hat – ob gewollt oder ungewollt – zur Folge, daß eine Auseinandersetzung mit der bisherigen Haltung der Kirche zu Frauen unterbleibt. Es gibt keine Rechtfertigung, aber auch keine Selbstkritik bezüglich des bisherigen Umgangs mit Frauen. Der Papst beschränkt sich statt dessen auf die anthropologischen Grundaussagen, die sich aus dem Alten und Neuen Testament entwickeln lassen.

Schon in der Schöpfungsgeschichte wird das Thema „Mann und Frau" in den Blick genommen., „Gott schuf also den Menschen als sein Abbild; als Mann und Frau schuf er sie" (Gen 1,27).

Hierher rührt die Würde des Menschen, der zwar Geschöpf ist, aber dennoch Gottes Ebenbild. Und dies ist er gerade in der Zweiheit der Geschlechter. Das dialogische Verhältnis zwischen Schöpfer und Geschöpf ist so im Menschen selbst angelegt, in der anthropologischen Grundtatsache der Geschlechtlichkeit. Auch da, wo die Genesis (2,18–25) auf den ersten Blick für eine mögliche Hierarchie zu sprechen scheint, bei der Erschaffung der Eva aus der Seite des Adam, wird im Zusammenhang deutlich, daß damit keine unterschiedlichen Seinsqualitäten gegeben sind: Adam erkennt in Eva das Fleisch von seinem eigenen Fleisch. Gott hat sie ihm gegeben als „ eine Hilfe, die ihm entspricht". Dieser Grundgedanke der Gleichheit der Geschlechter wird im Lichte des Sündenfalls gebrochen. „Dennoch verlangt dich nach dem Mann", heißt es danach über Eva, „doch er wird über dich herrschen". Die Zerstörung der ursprünglichen Gleichheit ist also Ausfluß der Sünde. Sie wirkt sich nicht nur zum Nachteil der Frau aus, sondern „mindert gleichzeitig die wahre Würde des Mannes"

Deshalb kritisiert Johannes Paul jede Zueinanderordnung von Mann und Frau, die jene zum „Objekt männlicher Herrschaft und Besitzes werden" läßt. Der Papst hält auf diesem Hintergrund den „Widerstand der Frau gegen die Aussage des biblischen Wortes: „Er wird über dich herrschen" für berechtigt. Doch darf dieser Widerstand nicht zu einer „Vermännlichung" der Frau führen. Die Frau, heißt es in der Enzyklika, darf nicht „danach trachten, sich entgegen ihrer fraulichen ‚Eigenart' die typisch männlichen Merkmale anzueignen"; dies würde sie entstellen und das an ihr reduzieren, „was ihren wesentlichen Reichtum ausmacht".

„Die persönlichen Möglichkeiten des Frauseins" heißt es in Mulieris dignitatem, seien „gewiß nicht geringer als die Möglichkeiten des Mannseins; sie sind nur anders." Diese Andersartigkeit sieht der Papst in der Fähigkeit zur Mutterschaft. „Das menschliche Zeugen" ist zwar, wie es in der Enzyklika heißt, „Mann und Frau gemeinsam ..." Doch obwohl beide gemeinsam Eltern ihres Kindes sind, stellt die Mutterschaft der Frau einen besonderen Anteil dieser gemeinsamen Elternschaft, ja „deren anspruchsvolleren Teil dar". Dadurch werde „die ganze Persönlichkeit der Frau tief geprägt". Der Mann muß „von der Mutter seine eigene Vaterschaft lernen". Zwar hat auch der Vater seinen Beitrag zur Erziehung des Kindes zu leisten, doch ist der Beitrag „der Mutter ... entscheidend für die Grundlagen der neuen Persönlichkeit". Diese besondere Qualität der Frau möchte Johannes Paul II. nicht als Abwertung verstanden wissen. Sie begründe vielmehr „einen besonderen Vorrang vor dem Mann".

Mütterlichkeit – so zeigt sich – ist die Kategorie, an der sich das Bild der Frau in der Enzyklika bemißt. Die Rolle der unverheirateten Frau wird daher unter dem Gesichtspunkt einer „Mutterschaft nach dem Geist" beschrieben.

Wenn man dagegen nach der Qualität des Mannseins fragt, bleibt der Text vage. Außer Negativbestimmungen wie den genannten und dem wiederholten Hinweis auf die Andersartigkeit finden sich keine konkreten Aussagen. Dabei wurde Personsein in Mulieris dignitatem zunächst beschrieben als „Selbstverwirklichung, die nur durch eine aufrichtige Hingabe seiner selbst zustande kommen kann". Dies soll für Mann und Frau gleichermaßen gelten, wie verschiedentlich betont wird, doch ist „Hingabe" für Johannes Paul II. offenbar eine weibliche Eigenschaft, die in der Mutterschaft ihren besonderen Ausdruck findet.

Vom Mann wird lediglich noch erwähnt, daß er sich der besonderen „Schuldverpflichtung" gegenüber der Frau, die sich aus der gemeinsamen Elternschaft ergebe, nicht entziehen dürfe.

In dieser Meditation des Papstes kommen unterschiedliche Bewertungen von Mann und Frau zum Ausdruck, die zum Widerspruch herausfordern. Der Mann hat seinen Wert offenbar aus sich heraus, während die Frau dazu erst der Mutterschaft bedarf. Zwar ist auch ein Mann Vater, aber mehr im Sinne einer Eigenschaft unter anderen. Er ist, wie es im Text heißt, „immer außerhalb des Prozesses von Schwangerschaft und Geburt des Kindes" und „muß in vielem von der Mutter seine eigene Vaterschaft ‚lernen'," Was man lernt, ist aber niemals Wesensbestandteil einer Person.

Wir können also feststellen: Die biologische Funktion von Mann und Frau wird in der päpstlichen Enzyklika sehr unterschiedlich bewertet. Bei der Frau bestimmt sie deren menschliche Würde, beim Mann ergeben sich daraus zwar Verpflichtungen, doch ist er offenbar auch ohne Vaterschaft vollwertig. Auch wenn der Papst mit Blick auf die Frau von „einem besonderen Vorrang vor dem Mann" spricht, nimmt er ungewollt eine Abwertung vor, weil die Frau erst in der Mutterschaft ihren Sinn erfüllt, während der Mann dies auch ohne Vaterschaft tun kann.

Es ist deshalb bezeichnend, daß der Papst für Frauen außerhalb von Ehe und Mutterschaft lediglich Aufgaben in der „geistigen Mutterschaft", das heißt im klösterlichen Leben sieht, oder aber in jenen Berufsbereichen, die man in der Sozialwissenschaft als „professionalisierte Mütterlichkeit" bezeichnet: in der Sorge für „Kranke, Behinderte, Ausgesetzte, Waisen, alte Menschen, Kinder, Jugendliche, Gefangene, und allgemein, Existenzen am Rand der Gesellschaft". Daß damit genau das Aufgabenfeld der Frau umschrieben ist, erläutert Johannes Paul II. an anderer Stelle: „Natürlich vertraut Gott jeden Menschen allen und jedem einzelnen an. Doch dieses Anvertrauen trifft in besonderer Weise die Frau – eben wegen ihrer Fraulichkeit –, und es entscheidet in besonderer Weise über ihre Berufung."

Traditionell bleibt die Enzyklika auch bei der Exegese von Epheser 5,22–23, wo es heißt, daß sich die Frauen ihren Männern unterordnen sollten wie dem Herrn: „denn der Mann ist das Haupt der Frau". Zwar gesteht Johannes Paul II. zu, daß es sich gerade durch den Bezug auf das Verhältnis Christus – Kirche hier nicht um ein Herrschaftsverhältnis üblicher Art handeln kann. Das Neue am Christentum besteht ja darin, daß es sich hier um ein Verhältnis der Liebe handelt, in welchem es in Jesus Christus, wie es in Galater 3,28 heißt, „nicht mehr Mann und Frau, nicht mehr Sklaven noch Freie" gibt, doch ist der Papst bereit zu akzeptieren, daß sich das „Neue" erst ganz allmählich durchsetzt, wie er am Beispiel der jahrhundertedauernden Fortexistenz der Sklaverei illustriert. Zwar stellt Mulieris dignitatem fest, daß „die Herausforderung des Ethos der Erlösung klar und eindeutig sei" und daß „sämtliche Gründe für die Unterordnung der Frau gegenüber dem Mann in der Ehe im Sinne einer gegenseitigen Unterordnung beider in der Ehrfurcht vor Christus" gedeutet werden müssen. Einen Appell an die Gläubigen, die Herausforderung des Ethos der Erlösung nun auch tatsächlich anzunehmen, fehlt jedoch völlig.

Auch in der Frage des priesterlichen Dienstes für Frauen bleiben die Aussagen weit hinter den Erwartungen zurück, die etwa die Deutsche Bischofskonferenz mit ihrem Appell, die Zulassung von Frauen wenigstens zum Diakonat wohlwollend zu prüfen, zum Ausdruck gebracht hat. Die Argumentation mutet allerdings sonderbar an. Danach soll die Feier der Eucharistie die Hingabe Christi an die Kirche versinnbildlichen, der sich wie ein Bräutigam seiner Braut hingibt. Dies werde „dann durchsichtig und ganz deutlich, wenn der sakramentale Dienst der Eucharistie, wo der Priester in persona Christi handelt, vom Mann vollzogen wird."

Zudem habe Christus „völlig frei und unabhängig" nur Männer zu seinen Aposteln berufen. Johannes Paul weist damit auch die Hypothese zurück, Christus habe nur deshalb keine Frauen berufen, weil er damit der damals vorherrschenden Mentalität gefolgt sei. Gerade Jesus habe sich entgegen den herrschenden Sitten positiv und aufgeschlossen gegenüber Frauen gezeigt. Bestand aber nicht doch gerade deswegen auch Grund zur Rücksichtnahme auf die herrschenden Vorstellungen? Schon die Offenheit, die Jesus im alltäglichen Umgang mit den Frauen in seiner Umgebung bewiesen hat, ist nicht nur bei den Pharisäern, sondern auch bei den männlichen Jüngern immer wieder auf Protest gestoßen. Das Neue Testament kennt dafür eine Reihe von Belegen. Die Berufung von Frauen zu Aposteln wäre sicher mit erheblich größeren Widerständen beantwortet worden. Wenn die Auswahlkriterien, die Jesus für seine Apostel angelegt hat, wirklich so eng gesehen werden müßten, wie der Papst in der Enzyklika vorschlägt, dann müßte sich heute die Frage stellen, warum Priester nicht sämtlich jüdische Fischer oder Handwerker vom See Genezareth sind. Jesus hätte schließlich ebensogut Römer, Griechen oder Vertreter anderer Religionen berufen können.

Ich will die Frage des kirchlichen Amtes nicht zur Hauptfrage machen. Aber in der Art der Auseinandersetzung, die in der Enzyklika Mulieris dignitatem mit diesem Thema zum Ausdruck kommt, zeigt sich, daß dieses Problem exegetisch keineswegs ausdiskutiert ist.

Hoffnung auf Veränderung – die anthropologisch und neutestamentlich begründete Sicht der Frau

Interessanterweise gibt es – nicht nur im kirchlichen Bereich – unzählige Definitionen dessen, was als Wesen der Frau zu bezeichnen sei. Die Festlegung des Männerbildes unterbleibt dagegen meist. Dies hat Bischof Lehmann, der Vorsitzende der Deutschen Bischofskonferenz, erkannt, der sich im Herbst 1988 zum Beispiel bei der Eröffnung der Herbstvollversammlung der Deutschen Bischofskonferenz und bei einer Dogmatikertagung in St. Pölten mit dem Frauenbild der Kirche auseinandergesetzt hat und dabei viel Verständnis für die Sensibilität beweist, mit der Frauen dieses Thema in der Kirche diskutiert sehen wollen.

Er räumt ein, daß „die klassische Theologie", bedingt durch den Einfluß des Aristotelismus, „oft im Ansatz dem Grundschema der ‚Subordination' der Frau gefolgt sei. Danach sei die Frau dem Mann zwar in bezug auf die beiden gemeinsame Geistseele gleich, in ihrer leiblich-geschlechtlichen Verfassung jedoch aus dem Mann und für den Mann geschaffen. Die „volle Gleichberechtigung der Frau als Mensch" werde nach diesem Modell „erst bei der endgültigen Auferstehung verwirklicht". Lehmann schließt sich dieser Denktradition, die ihren Niederschlag offenbar wieder in Mulieris dignitatem gefunden hat, nicht an. Daß dieses Muster in kirchlichen Rechtsvorstellungen allerdings tief verwurzelt ist, zeigt sich nicht nur an der Nichtzulassung von Frauen im Altarraum, sondern auch an der eingeschränkten Taufkompetenz der Frau, die nur dann zur Nottaufe befugt ist, wenn kein Mann anwesend ist.

Bischof Lehmann warnt ausdrücklich davor, sich bei „Aussagen über die Hingebungsfähigkeit und die Dienstbereitschaft der Frau ... unter der Hand und in subtiler Form von einer impliziten Subordinationshypothese leiten zu lassen. „Wer als Theologe nicht zuerst überzeugend der Kategorie Unterordnung mit allen Konsequenzen abschwört", so hat er vor der Deutschen Bischofskonferenz ausgeführt,

„kann kein glaubwürdiger Verfechter einer (christlichen) Antwort (auf die Frauenfrage) sein." Allerdings wehrt er sich auch gegen Modelle, die das Verhältnis der Geschlechter zueinander im Sinne einer egalitären Gleichheit einebnen wollen. Die geschlechtliche Determiniertheit beschreibe das Menschsein zwar nicht erschöpfend, sei aber doch, nicht nur nach dem biblischen Zeugnis, sondern auch nach aller wissenschaftlichen Erkenntnis und Alltagserfahrung, nicht wegzudiskutieren. Deshalb tritt Bischof Lehmann für ein Frauenbild ein, daß von Gleichwertigkeit in der Polarität bestimmt wird.

Lehmann betont, daß die Frau „kein verkümmerter Mann" sei, „sondern ein ursprünglicher Schöpfungsgedanke Gottes." Sie ist nicht „einfach auf den Mann hin geschaffen, sondern auf Gott hin". „Vor Gott und in Jesus Christus" gibt es nach Lehmann „keine Minderbewertung der Frau". Freilich zeigt sich bereits vom Neuen Testament an durch die ganze Geschichte der Kirche ein Ringen zwischen der Anerkennung der Ebenbürtigkeit und der Hinnahme der geschichtlichen Situation von Unterdrückung und Unterordnung." Weil die Frau als Person eine eigene und unverwechselbare Würde besitze, dürfe sie nicht auf einzelne Rollen festgelegt werden. Lehmann zitiert in seiner Ansprache vor der Bischofskonferenz den Theologen Kasper, der ausgeführt hat: „Deshalb ist die Frau letztlich nicht um des Mannes, auch nicht um der Familie willen da. Sie geht weder in ihrer Rolle als treusorgende Gefährtin und Mutter noch in der einer die Hauptarbeit des Mannes ergänzenden und ihm zuarbeitenden Arbeitskraft auf. Sie erhält Wert, Würde, Ansehen, Stellung nicht durch ihren Mann. Sie hat Wert und Würde in sich selbst." Bischof Lehmann folgert daraus: „Diese Gleichrangigkeit muß heute wirtschaftlich, sozial und rechtlich ermöglicht werden. Soweit mit der Forderung nach Selbstverwirklichung diese ebenbürtige Personenwürde der Frau gemeint ist, verdient sie jegliche Unterstützung der Christen und der Kirche." Lehmann verwahrt sich ausdrücklich gegen ein Verständnis der Frau nur vom Mann her. Die Personenwürde sei allerdings keineswegs identisch mit einer individualistisch verstandenen Autonomie, die sich in sich selbst erschöpft.

Auch Bischof Lehmann verweist auf das Aufeinanderangewiesensein von Mann und Frau, auf ihr „Zueinander", das mehr sein müsse als eine Zuordnung der Frau zum Mann. „Das volle Menschsein" können nur beide, Mann und Frau, „in ihrer wechselseitigen Verwiesenheit ... repräsentieren." So findet sich bei Lehmann denn auch kein Verständnis der Frau von der Mutterschaft her, obwohl er die Verschiedenartigkeit von Mann und Frau nicht vergessen sehen will. Das Zueinander von Mann und Frau erweist sich im Kind, in der Familie, aber auch im Einsatz für die Gemeinschaft der Menschen als fruchtbar. Eine unterschiedliche Verpflichtung in diesem Sinne für Mann und Frau gibt es dabei nicht.

Hier scheint mir der Punkt angesprochen, an dem Bischof Lehmann die christliche Botschaft von der gleichen Würde der Person, die sich in der Hingabe für den Nächsten verwirklicht, in einer anderen, tieferen Weise ernst nimmt, als dies die Enzyklika Mulieris dignitatem tut. In der Tat halte ich die Besinnung auf die Sozialnatur des Menschen, die in der Gemeinschaft von Mann und Frau, in der Beziehung von Eltern und Kindern, aber auch darüber hinaus, zum Ausdruck kommt, für einen der wesentlichen Beiträge, den die Kirche heute in der Gesellschaft leisten kann. Daß wir alle – als Männer und Frauen – keine autonomen Existenzen sind, die sich aus sich selbst heraus regenerieren und wie Automaten funktionieren, daß wir andere und das Leben mit anderen notwendig brauchen – und zwar nicht nur als notwendiges Übel, sondern als Grundbestand unserer menschlichen Existenz, in der uns der Schöpfer so und nicht anders gewollt hat –, daß dieser Grundtatsache auch in unserem Leben, in unserem Alltag, in der Gesetzgebung, im Arbeitsleben und in der Wirtschaft Rechnung getragen werden muß, das ist die Erkenntnis, mit der die Frohe Botschaft die abendländische Geschichte befruchtet hat und auch für die moderne Industriegesellschaft richtungweisend sein kann.

Viele der großen gesellschaftlichen Probleme, mit denen wir uns heute auf manchmal ausweglos erscheinende Weise konfrontiert sehen, haben ihren Grund darin, daß wir diese anthropologische Grunderkenntnis, daß Menschen einander brauchen, daß sie füreinander da sein und miteinander leben wollen, mißachtet haben.

Lassen Sie mich abschließend zu dem, was die gegenwärtige Position der Kirche zur Frauenfrage ausmacht, folgendes zusammenfassen: Wir erkennen, wie in der gesamten Gesellschaft auch in der Kirche einen Entwicklungsprozeß, der die Interessen und Bedürfnisse von Frauen, auch auf dem Hintergrund des Glaubens, neu zur Kenntnis nimmt. Dieser Prozeß ist unterschiedlich weit fortgeschritten. Was Bischof Lehmann ausführt, ist ein wichtiger Schritt, aber die Konsequenzen seiner anthropologischen Bestimmung bleiben in vielen Punkten noch offen. Es liegt auch und gerade an uns Frauen, wie wir uns in Kirche einbringen und unsere berechtigten Erwartungen umsetzen. Die Katholischen Frauenverbände haben in den letzten Jahren Entscheidendes dazu beigetragen.

Mir scheint es eine wichtige und drängende Frage, ob sich die Kirche insgesamt, die Theologen so gut wie die Laien, endlich mit der Grundtatsache unserer Zweigeschlechtlichkeit auf dem Hintergrund unseres Glaubens in neuer Weise beschäftigt und nach den Folgerungen für ihren Alltag zu fragt. Dabei geht es – und dies scheint mir ein wichtiges Ergebnis der Diskussion in den letzten Jahren zu sein – eben nicht nur um ein Problem für und von Frauen. Hier ist gleichzeitig eine Neubestimmung der Rolle des Mannes erforderlich. Wir haben viel zu lange geglaubt, die Änderungen bei den Frauen akzeptieren zu können und bei den Männern alles beim alten zu belassen. Wir müssen uns fragen, ob unser Angewiesensein aufeinander, unser Zueinander nicht endlich im christlichen Sinne auch mit Konsequenzen gelebt werden muß, zum Beispiel, indem Väter sich nicht länger der Verantwortung für Kinder entziehen. Väterlichkeit und Mütterlichkeit gehören zusammen, ergänzen sich wechselseitig und nicht nur gegenüber Kindern. Für mich ist das eine Aufgabe gerade für Christen.

Die große Vision einer erlösten Welt, in der Männer und Frauen in gleicher Verantwortlichkeit den jedem von ihnen eigenen Beitrag zum Reich Gottes leisten – diese Vision hat die Kirche meines Erachtens noch nicht ausreichend vorgedacht. Die wunderbare Verheißung, die in dem Satz der Genesis liegt, daß Gott den Menschen als Mann und Frau nach seinem Bilde schuf, haben wir alle, Theologen wie Laien, in der Vergangenheit nicht ernst genug genommen. Wir haben nicht gefragt, wie auf diesem Hintergrund unser Leben als Christen aussehen muß. Daß wir die Hinwendung zum anderen, den Dienst am Menschen als eine Aufgabe für das eine Geschlecht und als etwas betrachtet haben, für das das andere Geschlecht allenfalls im geistlichen Stand zuständig sein konnte, ist mit eine Ursache für die wachsende Zahl von Konflikten, die unseren Alltag bestimmen und denen wir uns immer weniger gewachsen fühlen.

Wir haben die Frauenfrage lange Zeit als ein Problem verstanden, das allein Frauen betraf, das von Frauen gelöst werden mußte, das Veränderungen nur in deren Leben veranlassen sollte. Deshalb ist die Frauenfrage von vielen als etwas erfahren worden, das sich gegen Männer, gegen Kinder usw. wandte. Tatsächlich ist die Frauenfrage im Kern die Frage danach, wie wir miteinander so leben, daß all unsere Fähigkeiten und Anlagen zur Geltung kommen, daß all unsere wesentlichen Bedürfnisse befriedigt und möglichst viele unserer Hoffnungen eingelöst werden können. Der christliche Glaube bietet darauf mehr Antworten, als wir ihm selbst lange Zeit zugetraut haben.

Textnachweise

Den Frauen eine Chance! – Konzepte für eine Mehrheit: Redemanuskript für eine öffentliche Veranstaltung am 2. 6. 1988 in Berlin.

Die gleichberechtigte Teilhabe an der öffentlichen Macht – für Frauen nur eine Utopie?: Rede auf einer Fachtagung des Bundesministeriums für Jugend, Familie, Frauen und Gesundheit zur politischen und sozialen Partizipation von Frauen am 4. 11. 1986 in Bonn.

Zukunft der Frauenarbeit in einer Zeit der Arbeitslosigkeit: Rede bei einer Veranstaltung der Katholischen Frauengemeinschaft Deutschlands – Berufstätige Frauen am 12. 8. 1988 in Rastatt.

Schwierigkeiten auf der Karriereleiter – Frauen in Führungspositionen: Rede bei der 2. Konferenz des European Women's Management Development Network am 5. 11. 1986 in Hamburg.

Die neuen Technologien – eine Herausforderung für Frauen: Aufsatz, erstmals publiziert in: Frauenforschung 4/1986.

Was Frauen auf dem Lande leisten: Rede bei einem Seminar der Kath. Landvolkbewegung der Diözese Augsburg am 20. 1. 1988 in Ottobeuren.

Helfen statt Strafen – zum Abtreibungsprozeß in Memmingen: Rede im Deutschen Bundestag am 28. 9. 1988 anläßlich der Aktuellen Stunde „Rechtliche Situation von Frauen im Zusammenhang mit dem § 218 StGB".

Die Frauen sollen in der Kirche reden – zur Situation der Frauen in der Kirche: Rede auf dem Bistumsfrauentag in Berlin am 13. 6. 1987.

Unsere Sprache kann so nicht bleiben – vom gesetzlichen Ausschluß der Frauen: Rede im Deutschen Bundestag am 6. 11. 1987 anläßlich der Debatte „Geschlechtsbezogene Formulierungen in Gesetzen, Rechtsverordnungen und Verwaltungsvorschriften".

Die geistige Führungskraft der Frauen – verkannt und doch genutzt: Festvortrag anläßlich der Verleihung der Jakob-Fugger-Medaille an Aenne Burda am 8. 3. 1989 in München.

Frauen, Christentum und Kirche – eine besondere Spannung: Rede in der Kath. Bildungsstätte St. Georg am 13. 1. 1989 in Germershausen.

Die Texte werden für die Publikation redaktionell überarbeitet, das Zahlenmaterial weitgehend aktualisiert.